Opvoeden met gezond verstand

Voor mijn dochters Laura en Claudette, altijd een bron van inspiratie

Opvoeden met gezond verstand

Met RET naar een positief gezinsleven

Bohn Stafleu van Loghum
Houten 2010

© 2010 Bohn Stafleu van Loghum, onderdeel van Springer Uitgeverij
Alle rechten voorbehouden. Niets uit deze uitgave mag worden verveelvoudigd, opgeslagen in een geautomatiseerd gegevensbestand, of openbaar gemaakt, in enige vorm of op enige wijze, hetzij elektronisch, mechanisch, door fotokopieën of opnamen, hetzij op enige andere manier, zonder voorafgaande schriftelijke toestemming van de uitgever.

Voor zover het maken van kopieën uit deze uitgave is toegestaan op grond van artikel 16b Auteurswet jo het Besluit van 20 juni 1974, Stb. 351, zoals gewijzigd bij het Besluit van 23 augustus 1985, Stb. 471 en artikel 17 Auteurswet, dient men de daarvoor wettelijk verschuldigde vergoedingen te voldoen aan de Stichting Reprorecht (Postbus 3051, 2130 KB Hoofddorp). Voor het overnemen van (een) gedeelte(n) uit deze uitgave in bloemlezingen, readers en andere compilatiewerken (artikel 16 Auteurswet) dient men zich tot de uitgever te wenden.

Samensteller(s) en uitgever zijn zich volledig bewust van hun taak een betrouwbare uitgave te verzorgen. Niettemin kunnen zij geen aansprakelijkheid aanvaarden voor drukfouten en andere onjuistheden die eventueel in deze uitgave voorkomen.

ISBN 978 90 313 7607 0
NUR 854, 770

Ontwerp binnenwerk en omslag: Nanja Toebak, 's-Hertogenbosch
Illustraties: Marcel Jurriëns, Boxtel

Bohn Stafleu van Loghum
Het Spoor 2
Postbus 246
3990 GA Houten

www.bsl.nl

Inhoud

Voorwoord	7
1 · De theorie van de RET	11
1.1 · De rationeel-emotieve theorie	12
1.2 · De basisprincipes van de RET	13
1.3 · Albert Ellis	14
1.4 · Het ABC van de RET	14
1.5 · Drie irrationele basisideeën	18
1.6 · De twaalf meest voorkomende irrationele ideeën	20
1.7 · Gezonde en ongezonde negatieve emoties	31
1.8 · Verschillende soorten inzicht	32
1.9 · Samenvattend	33
1.10 · Rationele ideeën en gevoelens: D en E	35
2 · RET je kind	38
2.1 · Inleiding	38
2.2 · Het geweten van een kind	39
2.3 · Huilbaby's	44
2.4 · Lastige peuters	50
2.5 · Ontwikkelingsstoornissen en gedragsstoornissen: autisme, ADHD en PDD-nos	56
2.6 · Schoolzieke kinderen	61
2.7 · Kinderachtig gedrag	66
2.8 · Bedplassen	71
2.9 · Verliefd op de juf (of meester)	75
2.10 · Faalangst	79
2.11 · Agressie	82

2.12 • Problemen met seksualiteit	87
2.13 • Eetstoornissen	91
2.14 • Alcohol- en drugsgebruik	96
2.15 • Verslaafd aan de computer en het mobieltje (sms, Nintendo-ds en computerspelletjes)	102
2.16 • Kinderen van gescheiden ouders	109
2.17 • Tot besluit	111
3 • De RET-test®	113
3.1 • Instructie	113
3.2 • Uitsprakenlijst	114
3.3 • Scoring	118
3.4 • Interpretatie en gebruik scores	120
3.5 • Hoe nu verder?	121
Over de auteur	123
Register	125

Voorwoord

Wekelijks kunnen we ons vermaken (nou ja, vermaken...) met allerlei tv-programma's die laten zien hoe 'onhandelbare' of 'moeilijk opvoedbare' kinderen hun ouders tot complete wanhoop drijven. Deze ouders komen er op eigen kracht niet meer uit, ze zijn niet opgewassen tegen de dwingelandij en pesterijen van hun eigen kinderen en moeten ten einde raad externe hulp inroepen. Soms wordt die hulp geboden door officiële deskundigen – personen die daarvoor doorgeleerd hebben –, maar in toenemende mate zie je de laatste jaren ook steeds vaker zelfbenoemde deskundigen op je beeld voorbijkomen die door middel van speciale luister- en fluistertechnieken het moeilijke kind tot bedaren denken te brengen. Soms lukt dat nog ook, al zullen we waarschijnlijk nooit precies weten hoe en waarom…
Hoe het ook zij, het is natuurlijk niet niks: publiekelijk moeten toegeven dat je er niet in geslaagd bent je kinderen zover te krijgen dat ze zich 'normaal', dan wel 'aangepast' gedragen. Ook de hoeveelheid boeken over mogelijke problemen bij de opvoeding is enorm toegenomen, vaak met alarmerende titels die het ergste doen vermoeden. Afgaande op dergelijke tv-programma's en boektitels moeten we wel gaan geloven dat sommige (steeds meer?) kinderen kleine onhandelbare monsters zijn, dan wel rasechte psychopaatjes in de dop…

De vraag rijst natuurlijk of de kinderen van tegenwoordig moeilijker zijn op te voeden dan vroeger. De meningen daarover lopen sterk uiteen. Enerzijds klinken er pessimistische geluiden van mensen die de huidige maatschappij ten onder zien gaan aan het steeds toenemende geweld en de verder oprukkende normvervaging. 'Logisch dat onze kinderen steeds moeilijker gaan doen door alles wat ze op televisie en in het dagelijks leven te zien krijgen.' Aan de andere kant zijn er mensen die niets nieuws onder de zon zien. Voor hen zijn de huidige problemen met de opvoeding van onze kinderen van alle tijden. Ik vind het lastig om aan te geven welk kamp gelijk heeft en eigenlijk is dat ook niet zo belangrijk. Feit is dat het opvoeden van kinderen vaak geen eenvoudige opgave is. Je hoeft niet eens een autistisch of ADHD-kind te hebben om forse problemen tegen te komen. Wat wellicht wél nieuw is, afgaande op 25 jaar klinische praktijkervaring, is het toenemend aantal kinderen en jeugdigen met drank- en drugsgebruik. En niet te vergeten de 'nieuwe' verslavingen aan msn'en, Nintendo-ds'en, computerspelletjes en het internet. Je zou kunnen zeggen dat er op dat vlak wel degelijk het een en ander veranderd is, veranderingen en gevaren die men misschien vooraf niet goed doordacht heeft of heeft voorzien.

In dit boek probeer ik ouders een leidraad te geven bij enkele van de meest voorkomende problemen bij kinderen. Ik wil met nadruk zeggen dat het hierbij gaat om algemene, veel voorkomende vragen als: hoe moet ik omgaan met een kind dat niet luistert en helemaal zijn eigen gang gaat? Of met een kind dat juist uitermate faalangstig is? Is straf zinvol en zo ja, wanneer en hoe kun je een kind straffen? En inderdaad: hoe moet ik reageren als ik erachter kom dat mijn kind drugs gebruikt? Kan en mag ik van een kind absolute gehoorzaamheid verwachten? Hoe moet ik omgaan met de zich ontwikkelende seksualiteit van mijn kind? Welke normen kan ik het best aanhouden?
Bij het beantwoorden van deze en andere vragen is het mijn bedoeling om zo praktisch en pragmatisch mogelijk te zijn. Redelijkheid en nuttigheid zullen daarbij twee zeer belangrijke pijlers zijn. Als er tips en adviezen worden gegeven, zal ik er ook steeds de overwegingen bij vermelden. Het belang van en voor het kind zal uiteraard steeds vooropstaan.
Verwacht overigens geen uitgebreide literatuur- en onderzoeksoverzichten: de leidraad in dit boek is de Rationeel-Emotieve Therapie, de RET, ontwikkeld door de in 2007 overleden Amerikaanse psycholoog Albert Ellis. Dit neemt niet weg dat door de tekst heen relevante sites staan aangeven voor verdere informatie.

In het eerste hoofdstuk behandel ik kort de achtergronden en uitgangspunten van de RET en laat ik de bruikbaarheid ervan zien voor de praktijk van de opvoeding.

In het tweede hoofdstuk ga ik in op enkele van de meest voorkomende problemen met kinderen en jongeren aan de hand van bepaalde thema's (ongehoorzaamheid, seksualiteit, faalangst, slechte prestaties op school, en enkele veel voorkomende ontwikkelings- en gedragsstoornissen, tegenwoordig vaak aangeduid met termen als ADHD, PDD-nos, autisme, enz.). Bij de beschrijving van elk thema ga ik uit van concrete voorbeelden uit de praktijk, zodat de herkenbaarheid optimaal kan zijn.

In het derde hoofdstuk wordt de RET-test® gepresenteerd, omdat ik denk dat het voor ouders en andere opvoeders erg verhelderend en dus nuttig kan zijn als ze zicht krijgen op de achtergronden van hun eigen opvoedingsmethode. De RET-test® stelt de ouders in staat om op een inzichtelijke en gestructureerde manier hun eigen irrationele manieren van denken en doen in kaart te brengen. Dit is in lijn met wat ik met dit boek vooral beoog: duidelijk maken dat veel problemen bij de opvoeding het gevolg kunnen zijn van irrationele opvattingen en denkgewoonten die wij er als ouders – vaak ongemerkt – op na houden.

Het zal duidelijk zijn dat ook ik de wijsheid niet in pacht heb. Afgaand op de praktijk meen ik echter te mogen zeggen dat opvoeden volgens de uitgangspunten van de RET in veel gevallen baat heeft gehad. Ga dit 'experiment' dus aan, jij en je kinderen zullen er beslist niet slechter van worden!

Eindhoven/Castellane, voorjaar 2010
Jan Verhulst

1

De theorie van de RET

VOORBEELDCASUS

Je jongste dochter zit in groep 8 van de basisschool. Omdat bijna alle andere kinderen uit de klas een eigen computer op kun kamer hebben, geef je er haar ook maar een (zo gaat dat nu eenmaal). Je spreekt duidelijk met haar af wanneer en hoelang ze mag computeren en voor welke sites ze moet oppassen, en ze lijkt zich in eerste instantie goed aan de afspraken te houden. Na enkele maanden echter valt het je op dat het kind zo moe is. Ze heeft last van problemen met de concentratie, ze is erg prikkelbaar, kortom: ze is zichzelf niet meer. Op het schoolplein praat je met andere ouders en tot je schrik (of geruststelling?) kom je erachter dat er veel meer kinderen zijn die dergelijk gedrag vertonen. De ouders spreken met elkaar af om beter toezicht te houden op het computergedrag van de kinderen en elkaar op de hoogte te houden van hun bevindingen. Al na enkele dagen is het prijs: de vader van een van de kinderen komt erachter dat ze elkaar sites doorsturen met de meest gruwelijke inhoud: suïcides van jongeren. Kennelijk is een van de kinderen erin geslaagd een adres te bemachtigen van een instantie (politie? brandweer?) die het beeldmateriaal verzamelt van allerlei geslaagde pogingen tot zelfdoding van jongeren. De beelden zijn afschuwelijk: losse hoofden die op de treinrails staan, uiteengereten lichamen en lichaamsdelen, kinderen met opengesneden polsen die zijn doodgebloed. Voor volwassenen zijn dergelijke afbeeldingen niet om aan te zien, laat staan voor kinderen. Geen wonder dat ze 's nachts geen oog dichtdoen en totaal van slag raken. En de grootste ellende is misschien nog wel het feit dat de betrokken kinderen allemaal meedoen met het bezoeken van deze site omdat ze niet voor watje willen worden versleten en daardoor buiten de groep zouden vallen. Dus hebben ze zich grootgehouden voor elkaar en voor hun ouders, ten koste van hun psychische en lichamelijke gezondheid.

....

Dit is een heel naar – maar overigens waargebeurd – voorbeeld van wat er zich allemaal in een kinderhoofd en kinderleven kan afspelen, zonder dat we daar als ouders enig idee van hebben. En zo gruwelijk als dit voorbeeld is, zo moeilijk is het om daar op een juiste wijze mee om te gaan. Moet je de kinderen hun computer afpakken? Moet je ze op een andere manier straffen? Hoe ga je om met de groepsdruk die de kinderen op elkaar uitoefenen? Hoe vang je de kinderen op die van deze afbeeldingen een trauma hebben opgelopen? En vooral ook: hoe voorkom je een herhaling van dit soort verschrikkelijke zaken? Zoals we verder in dit boek zullen zien, kan de RET nuttige en effectieve handvatten bieden om met dit en andersoortige problemen om te gaan.

1.1 • DE RATIONEEL-EMOTIEVE THERAPIE

In dit eerste hoofdstuk komen de achtergronden en uitgangspunten van de Rationeel-Emotieve Therapie (of theorie), de RET, aan bod. De RET, oorspronkelijk door Albert Ellis ontworpen als een vorm van therapie, is heel bruikbaar gebleken op andere terreinen, zoals de opvoeding. In feite heeft Ellis zelf in de jaren 1960 in New York een basisschool opgericht, de Living School, waar kinderen werden begeleid en onderwijs kregen volgens de principes van de RET. Door middel van speciale oefeningen, ervaringsgerichte programma's en rollenspellen maakten kinderen daar spelenderwijs kennis met gevoelens en leerden ze er op een rationele (lees: verstandige) manier mee omgaan. De Living School bestaat bij mijn weten niet meer en Ellis is overleden. Maar de principes van de RET zijn actueler dan ooit omdat mensen (ouders) in deze toch vrij ongestructureerde tijden met een overvloed aan informatie – waardoor velen door de bomen het bos niet meer zien – behoefte hebben aan duidelijkheid.

1.2 • DE BASISPRINCIPES VAN DE RET

De RET is oorspronkelijk een vorm van therapie waarbij het vooral gaat om een balans tussen denken en voelen. Niet elke vorm van therapie besteedt namelijk evenveel aandacht aan de onderlinge relatie tussen gedachten en gevoelens. Zo staat bij de klassieke gedragstherapie van de Amerikaan Burrhus F. Skinner (1904-1991) vooral het zichtbare gedrag van een persoon centraal. Bij de psychoanalyse, ontwikkeld door Sigmund Freud (1856-1939), wordt gelet op allerlei jeugdervaringen en onbewuste wensen en conflicten. De Amerikaanse psycholoog Carl Rogers (1902-1987) probeerde zijn cliënten vooral 'dicht bij hun gevoel' te brengen, vaak zelfs met een uitschakeling van het denken. Dit zijn slechts enkele voorbeelden van de vele verschillende therapieën, die allemaal hun eigen accent hebben.

Als iemand tegenwoordig op wat voor manier dan ook in de problemen is geraakt, is het begrijpelijk dat diegene in therapieland door de bomen het bos niet meer ziet. De ene therapie (en therapeut!) belooft een nog snellere en meer wezenlijke 'genezing' dan de andere, waarbij de gebruikte taal vaak voor een leek niet te volgen is. Velen lijken daar een beetje genoeg van te hebben en willen praktische adviezen. Ook op het gebied van de opvoeding is dat terug te zien: ouders en andere opvoeders willen graag duidelijkheid. Niets voor niets scoort dr. Phil enorme kijkcijfers, zowel in Amerika als in Europa. Dat heeft alles te maken met zijn praktische kijk op zaken en met de manier waarop hij zijn cliënten duidelijke, praktische handvatten aanreikt. (Of je het in alle gevallen met zijn manier van doen eens moet zijn, is een andere zaak, maar duidelijk is hij in ieder geval wel.)

Eigenlijk zou je kunnen zeggen dat deze dr. Phil een 'RET'er' pur sang is. De RET biedt namelijk duidelijke, praktische handvatten door op een heldere en overzichtelijke wijze uit te leggen hoe problemen ontstaan en hoe ze kunnen worden opgelost. De kern van de RET wordt gevormd door het uitgangspunt dat mensen voor een heel groot deel zélf bepalen hoe zwaar problemen wegen. Volgens de RET worden je gevoelens namelijk voor een groot deel bepaald door je eigen manier van denken. Als iemand iets aan (onplezierige) gevoelens van angst, verdriet, boosheid, onmacht, verlegenheid, onrust en depressie wil veranderen, dan kan hij of zij dat het best doen door de eigen manier van denken te veranderen. Klare taal, afkomstig van een man die het praktisch denken tot aan het einde van zijn leven in de praktijk heeft gebracht: Albert Ellis.

1.3 • ALBERT ELLIS

De grondlegger van de RET, Albert Ellis, is geboren in 1913. Hij overleed in 2007. Wie Ellis ontmoette, werd meteen getroffen door de ver doorgevoerde efficiency van zijn gedrag: hij placht met een minimum aan bagage de wereld rond te reizen omdat, zoals hijzelf zei, 'meer dan het hoogst noodzakelijke toch alleen maar ballast is'. In zijn onafscheidelijke koffertje bevonden zich dan ook alleen maar een pen, papier en wat medicamenten. Veel kleding had hij niet bij zich, die liet hij zoveel mogelijk 's nachts in zijn hotel reinigen.

Als Ellis sprak over problemen, wist hij heel goed waarover hij het had. Jarenlang heeft hij bijvoorbeeld tegen zijn verlegenheid, faalangst en spreekangst moeten opboksen. Letterlijk meer dan honderd pogingen heeft hij moeten wagen om eindelijk eens een keer met een meisje uit te kunnen gaan: hij was, zoals hij zelf zei, niet moeders mooiste en hij wist totaal niet hoe hij met meisjes moest omgaan. Dergelijke ervaringen hebben hem overigens goed doen beseffen dat voor élke verandering een flinke dosis doorzettingsvermogen nodig is. Doorzettingsvermogen vormt dan ook een heel belangrijk aspect van de RET, een doe-therapie bij uitstek.

Ellis was aanvankelijk opgeleid tot psychoanalyticus. Na enkele jaren praktijkervaring als psychotherapeut bleek hij zich steeds minder te kunnen vinden in deze weinig inzichtelijke, tijdrovende en omslachtige manier van behandelen. Hij ging daarom op zoek naar een behandelmethode die veel minder tijd kostte en die bovendien heel eenvoudig aan de cliënt was uit te leggen. Het resultaat van dit alles is de Rationeel-Emotieve Therapie (kortweg RET of REBT, waarbij de B voor behaviour – gedrag – staat) geworden, een van de meest toegepaste en populaire therapieën in Amerika en Europa.

1.4 • HET ABC VAN DE RET

Het zijn niet de problemen zélf die 't ons zo moeilijk maken, maar de manier waarop we tegen deze problemen aankijken.
(NAAR DE GRIEKSE WIJSGEER EPICTETUS)

Volgens Ellis ontstaan problemen vooral door de manier waarop we aankijken tegen de gebeurtenissen die ons overkomen. Laten we ter illustratie een voorbeeld nemen uit het leven van alledag.

....

> Je doet al jaren je uiterste best om je beide kinderen zo goed mogelijk op te voeden. Je leest alles wat er op dit gebied te lezen valt, je volgt de programma's op de televisie, je praat veel met je kinderen en met andere ouders, kortom: je neemt deze zaak erg serieus. Waar je vooral een punt van maakt is dat je beide kinderen op een gelijke manier behandelt: geen voortrekkerij! (Daar heb je zelf in je jeugd al genoeg van meegemaakt.) Toch moet je na enkele jaren constateren dat het allemaal heel anders is gelopen dan je verwacht en gewild had: het ene kind (de oudste) blijkt het helemaal niet zo goed te doen op school, en heeft een sterke neiging om alles bij elkaar te liegen. Het tweede kind gedraagt zich voorbeeldig: het luistert altijd, is beleefd en doet goed zijn best. Vaak stel je het ten voorbeeld aan het andere kind, dat daardoor alleen maar meer 'afwijkend' gedrag gaat vertonen: 'Zie je wel dat jullie niks om mij geven, alles draait hier alleen maar om dat lieve kleine schatje van jullie!'

....

Wat doe je in zo'n geval? Wat denk je allemaal? En hoe voel je je daarbij? Er zijn verschillende mogelijkheden:
– Je denkt dat je compleet gefaald hebt als opvoeder. Eigenlijk had je helemaal nooit aan kinderen mogen beginnen. Zie je nou wel, dat je zelf als mens niets voorstelt. Je slaagt er nog niets eens in om twee kinderen op een fatsoenlijke manier groot te brengen. (Zelfverwijt)
Je voelt je totaal machteloos. Dat het met het eerste kind zo is misgegaan, is voor jou het zoveelste bewijs dat wat je ook doet, het allemaal verkeerd afloopt. Logisch ook: want je bent er in het verleden vrijwel nooit in geslaagd iets tot een goed einde te brengen. Je moeder had gelijk toen ze zei dat je nooit volwassen en zelfstandig bent geworden. En eerlijk is eerlijk: je weet totaal niet wat je zou moeten doen. (Machteloosheid)
– Je denkt dat het je eigen schuld is. Het was tenslotte ook te mooi om waar te zijn: jij als leuke jonge ouder van twee kinderen. Wat ver-

beeldde je je eigenlijk wel? Jij met jouw matige opleiding en nog matiger uiterlijk! Voorbeeldige kinderen verdien je toch eigenlijk helemaal niet? Het was pure hoogmoed toen jullie een gezinnetje wilden! Je staat er dan ook eigenlijk helemaal niet van te kijken dat het zo is gelopen: je bent altijd al een minkukel geweest. (Gebrek aan eigenwaarde)
– Je bent razend op dat ene kind. Wat denkt dat kind wel? Jij die je hele leven opoffert voor die twee! Waar haalt zo'n kind het lef vandaan om jou zo voor schut te zetten? Waar heb je dat in 's hemelsnaam aan verdiend? Luisteren zal het, want jij bent zijn ouder en dus ben jij de baas! (Agressie)
– Je slaat aan het piekeren. De hele dag door blijft het maar in je hoofd malen: wat heb je fout gedaan? Je kunt er niet meer van slapen, je hebt geen zin meer om te eten. Je gaat aan alles en iedereen twijfelen, het meest aan jezelf. Je bent als de dood voor de toekomst. Wat moet er van dat kind en van het gezin terechtkomen? Je ziet het al helemaal voor je: een crimineel als kind! Je glijdt steeds verder weg in een diepe somberheid. (Depressie)

Deze mogelijke reacties op het niet-gewenste resultaat van allerlei goede bedoelingen bij de opvoeding van kinderen, zijn een voorbeeld van hoe een bepaalde manier van denken tot bepaalde gevoelens leidt. Of liever: hoe een bepaalde negatieve manier van denken tot bepaalde negatieve gevoelens leidt. Nu is het natuurlijk nooit leuk als dingen niet gaan zoals je wilt, zeker niet als het om je kinderen gaat. Het is dan ook begrijpelijk dat je overspoeld wordt door allerlei gedachten en gevoelens. Maar dat hoeft nog niet te betekenen dat je jezelf daaraan ook helemaal overlevert. Als je dat doet, word je het slachtoffer van de gebeurtenissen, dan ben je niet in staat iets aan je situatie (en je gevoelens!) te veranderen. En juist om dat laatste gaat het bij de RET, zoals we zullen zien.

In de RET wordt gebruik gemaakt van de letters A, B en C. De A staat voor 'aanleiding' (oorzaak, in het Engels activating event). De B staat voor de 'bril' waardoor je kijkt (je manier van tegen dingen aankijken, in het Engels: belief). De C staat voor consequentie (het gevolg, in het Engels consequence). De kern van de RET komt erop neer dat niet A de oorzaak is van C, maar B. In gewoon Nederlands: het zijn niet de gebeurtenissen (A) in je leven die bepalen hoe je je voelt (C), maar de manier waarop je tegen die gebeurtenissen aankijkt (B).

Volgens Ellis gaan de meeste mensen er ten onrechte vanuit dat er altijd een directe relatie bestaat tussen bepaalde gebeurtenissen en gevoelens: mijn kind doet het niet goed op school en dus ben ik een waardeloze opvoeder. Ik krijg de bons en dus voel ik me een waardeloos figuur. Ik zak voor een examen en dus voel ik me vreselijk terneergeslagen. Ik rijd mijn gloednieuwe auto in de prak en dus voel ik me ontzettend zielig. Mijn partner doet onaardig tegen mij en dus ben ik boos, enzovoort. Op het eerste gezicht lijkt het inderdaad logisch dat een bepaalde gebeurtenis de oorzaak is van een bepaald gevoel. En toch is dat bij nader inzien niet zo. Laten we de voorbeelden maar eens van dichterbij bekijken.

- Kind op school. Er kunnen ontzettend veel redenen zijn voor slechte schoolprestaties die helemaal niets met de ouders/opvoeders te maken hebben. Denk bijvoorbeeld aan lees- en leerstoornissen en andere lichamelijke oorzaken: slecht zien, slecht horen. Als je je dit bedenkt, maakt zelfverwijt plaats voor bezorgdheid.
- De bons krijgen. Inderdaad niet leuk. In bepaalde gevallen kan zoiets beslist erg aangrijpen. Hoe erg, hangt af van de manier waarop je ertegenaan kijkt. Je kunt zo'n afwijzing opvatten als de grootst mogelijke persoonlijke afgang en dan voel je je inderdaad een waardeloos figuur. Het is echter ook mogelijk een afwijzing te zien als een uitdaging: ik zal laten zien dat ik me alleen ook weet te redden. In het laatste geval zul je je een stuk krachtiger voelen.
- Zakken voor een examen. Ook al niet leuk, zeker niet als je heel hard hebt gestudeerd. Als je een perfectionist bent die nooit mag falen, zul je ongetwijfeld depressief worden als je eens een keer de mist ingaat. Als je daarentegen een examen beschouwt als een gewoon proefwerk dat je ook altijd nog kunt overmaken, dan staan de zaken er beslist anders voor: volgende keer beter.
- Auto in de prak. Een veel voorkomend euvel waar mensen zeer verschillend op reageren. Mensen voor wie de auto inderdaad een heilige koe is, zullen zich gegarandeerd erg zielig voelen bij de eerste deuk. Degenen die hun auto zien als niet veel meer dan een vervoermiddel, raken nauwelijks onder de indruk.
- Boze partner. Het hangt er in dit geval van af wat je verstaat onder een 'goede' relatie. Mensen die menen dat partners nooit eens ruzie mogen hebben en altijd maar lief en aardig tegen elkaar moeten zijn, raken vast en zeker overstuur en worden boos als de partner niet aardig doet. Andere mensen vinden het juist een gezond teken als de partner de vrijheid heeft (krijgt) om ook eens uit de slof te schieten. Iedereen heeft toch wel eens recht op een boze bui?

We zien in deze voorbeelden dat onze zienswijzen, overtuigingen, opvattingen en meningen (of: onze normen, waarden en idealen) voor een heel groot deel bepalen wat voor emotionele effecten bepaalde gebeurtenissen op ons hebben. Al deze zienswijzen, overtuigingen enzovoort, kunnen we onderverdelen in twee soorten: rationele en irrationele. Rationeel wil in dit verband zeggen: gezond, redelijk, verstandig en bevorderlijk voor het welbevinden. Irrationeel betekent: ziekmakend, onredelijk, onverstandig en leidend tot allerlei nare gevoelens.

Volgens de RET wordt het merendeel van de menselijke ellende veroorzaakt doordat de mens een ingebakken neiging heeft om op een irrationele, onverstandige manier tegen de gebeurtenissen in zijn leven aan te kijken. We hebben als mens dus allemaal een sterke neiging om ons onredelijk op te stellen als dingen niet gaan zoals wij dat willen. Deze onredelijke, onverstandige opstelling komt heel duidelijk naar voren in de drie irrationele basisideeën die iedereen volgens Ellis in zich heeft.

1.5 • DRIE IRRATIONELE BASISIDEEËN

De irrationele (onverstandige, onredelijke, ziekmakende) ideeën over jezelf en je leven kunnen ontelbare vormen aannemen. Toch zijn ze allemaal te herleiden tot drie irrationele basisideeën.

Alle mensen hebben volgens de RET een ingebakken neiging tot perfectionisme en prestatiedwang. Of liever: tot een ongezond perfectionisme en tot een ongezonde prestatiedwang. Want achter dit perfectionisme en deze prestatiedwang gaat de behoefte (noodzaak) schuil door anderen aardig te worden gevonden: als ik maar flink mijn best doe dan vindt iedereen (mijn familie, mijn vrienden, mijn baas enzovoort) mij aardig. Het omgekeerde geldt helaas ook: als ik niet goed presteer, dan vindt iedereen mij een waardeloos figuur. En als iedereen mij een waardeloos figuur vindt, dan bén ik ook een waardeloos figuur. Als je uitgaat van irrationeel basisidee nummer 1, maak je je tot slaaf van de anderen.

Dit is natuurlijk een heel ongezonde, irrationele manier van denken, omdat je hierdoor je persoonlijk geluk laat afhangen van de goedkeuring en waardering door anderen. Bovendien maak je hierdoor je waardering als persoon afhankelijk van je prestaties. Dat is irrationeel, omdat elk mens veel méér is dan alleen het totaal van zijn daden.

Veel rationeler is het jezelf voor te houden dat je je best

> **IRRATIONEEL BASISIDEE NUMMER 1**
>
> Ik moet altijd goed presteren en daarvoor gewaardeerd worden door anderen. Zo niet, dan ben ik een waardeloos figuur.

> **IRRATIONEEL BASISIDEE NUMMER 2**
>
> Iedereen moet aardig voor mij zijn. Zijn ze dat niet, dan zouden ze daarvoor gestraft moeten worden.

hebt gedaan en dat je altijd probeert je taken zo goed mogelijk te vervullen. Je bent en blijft een mens en dus is de kans groot dat je fouten zult maken. Er staat nergens geschreven dat jij nooit eens een fout mag maken. Het is dan ook onzinnig van jezelf te verwachten dat je er nooit één zult maken. Net zo onzinnig is het als anderen van je verwachten dat je nooit een fout zult maken. Je bent tenslotte geen robot!

Alweer een erg ongezonde, irrationele manier van denken. Natuurlijk is het leuk als iedereen aardig voor je is. Maar dat betekent nog lang niet dat je deze sympathie zomaar kunt afdwingen. Mensen hebben allemaal hun voorkeuren. Je doet er dus goed aan je te realiseren dat er in je omgeving altijd mensen zullen zijn die een grondige hekel aan je hebben. Zelfs zonder geldige reden. Zo zijn mensen nu eenmaal, ze lusten elkaar soms gewoon niet. Er staat overigens ook nergens geschreven dat jij een allemansvriend moet zijn. Dat werkt in de praktijk eenvoudigweg niet: als je de vriend bent van de één, ben je in veel gevallen automatische de vijand van de ander...

Veel rationeler is het ervoor te zorgen dat je goed kunt opschieten met de mensen die wérkelijk belangrijk voor je zijn. En als ook dat niet lukt, dan doe je er goed aan bij jezelf eens heel ernstig na te gaan hoe dat komt. Je kunt natuurlijk de oorzaak steeds bij de ander leggen, maar de vraag is of dat in alle gevallen wel zo rationeel is.

De RET spreekt in dit verband van lage frustratietolerantie (LFT). Wij mensen zijn over het algemeen inderdaad wat gemakzuchtig aangelegd, moeilijkheden gaan we het liefst uit de weg. Het is natuurlijk ook leuk en aangenaam als alles heel gladjes verloopt. Maar ook hier weer geldt dat je dit niet kunt afdwingen. Iedereen maakt in zijn leven grotere en kleinere tegenslagen mee. Het is niet rationeel ervan uit te gaan dat juist jou alle ellende bespaard zal blijven. Ook jouw baan kan op de tocht komen te staan, ook jouw relatie kan stuklopen, ook jij kunt kanker krijgen en ook jouw kind kan onder een auto lopen. Er staat nergens geschreven dat

> **IRRATIONEEL BASISIDEE NUMMER 3**
>
> Ik moet alles wat ik hebben wil, op een relatief eenvoudige manier kunnen krijgen. Tegenslagen en andere narigheid moeten mij bespaard blijven. (Ook: veranderingen mogen geen moeite kosten!)

jij een uitzondering bent. Als je uitgaat van irrationeel basisidee nummer 3, zul je niet bestand zijn tegen de onvermijdelijke moeilijkheden die een mensenleven nu eenmaal met zich meebrengt.

Veel rationeler is het ermee rekening te houden dat de zaken wel eens behoorlijk kunnen tegenzitten en maatregelen te treffen waarmee je het onheil kunt beperken. Toegepast op het veranderen van jezelf (of je manier van opvoeden) is het dus ook niet rationeel om te verwachten dat dit altijd een soepel lopend proces zal zijn: elke verandering roept weerstand op, zowel vanuit jezelf – je moet je opnieuw aanpassen, risico's nemen – als vanuit je omgeving (bijvoorbeeld je kinderen).

Deze drie irrationele basisgedachten geven aan dat de mens een ingebakken neiging heeft op een irrationele manier na te denken en om irrationele eisen te stellen aan het leven. Want wie vindt het nou niet ontzettend prettig om altijd optimaal te presteren, door iedereen aardig gevonden te worden en van alle narigheid bespaard te blijven? Niets menselijks is de mens vreemd.

Van de vele vormen die irrationele ideeën kunnen aannemen, komen sommige vaker voor dan andere. Hieronder volgen twaalf van de meest voorkomende irrationele ideeën, voorzien van commentaar.

1.6 • DE TWAALF MEEST VOORKOMENDE IRRATIONELE IDEEËN

Albert Ellis heeft op basis van zijn jarenlange ervaring een lijst samengesteld van irrationele ideeën waarvan mensen het meest last hebben. Het gemeenschappelijke kenmerk van al die ideeën wordt gevormd door het gegeven dat er steeds sprake is van een moeten. In alle irrationele ideeën zit een eis, een dwangmatigheid verborgen. Het is ook niet voor niets dat men in de RET spreekt van musturbatory thoughts ('moeterige' gedachten).

> **IRRATIONEEL IDEE NUMMER 1**
> Het is voor mij absoluut noodzakelijk dat ik door iedereen aardig word gevonden.

Dit eerste irrationele idee is direct afgeleid van irrationeel basisidee nummer 1. Bij de bespreking daarvan hebben we al gezien dat alle mensen in meerdere of mindere mate van elkaar verschillen. Rationeler is het er zowel in je privéleven als op je werk rekening mee te houden dat er altijd wel mensen zullen zijn die een hekel aan je hebben. En waarom kunnen mensen een hekel aan je hebben? Wat denk je hiervan:
– omdat je hun meerdere bent;
– omdat je meer verdient;

– omdat anderen je graag mogen;
– omdat je intelligenter bent;
– omdat je je anders gedraagt;
– omdat je er beter uitziet;
– omdat je meer succes hebt bij het andere geslacht;
– omdat ze aan iedereen, behalve zichzelf, een hekel hebben;
– omdat je kinderen het beter doen op school;
– omdat je kinderen er leuker uitzien;
enzovoort.

Maar dat is nog niet alles. Ga er eens van uit dat het je gelukt is je bij iedereen in je omgeving geliefd te maken. Iedereen is dol op je en vindt je sympathiek en betrouwbaar en sociaal. Dat lijkt op het eerste gezicht misschien heel aardig, maar in werkelijkheid zit je in een val. Want je hebt nu wel de sympathie van iedereen, maar hoe houd je die? Je kunt je nooit eens een misstap permitteren, nooit eens flink uitvallen, of humeurig zijn, je moet je altijd redelijk, verstandig en sociaal opstellen. Je zit, met andere woorden, in een verstikkend korset.
Irrationeel idee nummer 1 leidt bovendien vrijwel altijd tot, wat men noemt, subassertiviteit. Als je iedereen te vriend wilt houden, kan het in bepaalde gevallen moeilijk of zelfs onmogelijk zijn om voor je eigen mening uit te komen. Want als je kritiek levert op anderen, kan het gebeuren dat ze je minder aardig gaan vinden. En mensen die uitgaan van irrationeel idee nummer 1 vinden zoiets onverdraaglijk. Ze krijgen liever last van allerlei vage lichamelijke en depressieve klachten (door het opkroppen van hun frustraties, irritaties en boosheid), dan dat ze een conflict aangaan. Erg ongezond allemaal.
Veel rationeler is het dan ook om je te realiseren dat het onmogelijk is om een allemansvriend te zijn. Als je bevriend bent met de een, kan dat – zoals al gezegd – voor de ander al een reden zijn om een hekel aan je te hebben. Het is natuurlijk best prettig goed te kunnen opschieten met mensen die belangrijk voor je zijn, maar je kunt hun sympathie nu eenmaal niet afdwingen. Soms 'klikt' het, soms absoluut niet. Je kunt in het laatste geval natuurlijk proberen te achterhalen wat de oorzaak is van de antipathie en eventuele misverstanden uit de weg ruimen. Maar realiseer je altijd dat mensen ook maar mensen zijn en dat ze de neiging hebben op een onredelijke manier na te denken. Ook over jou.

Ook irrationeel idee nummer 2 is afgeleid van het eerste irrationele basisidee. Een ongezond soort perfectionisme en faalangst zijn er het gevolg van. Ga maar na: als je de waardering voor jezelf afhankelijk

> **IRRATIONEEL IDEE NUMMER 2**
>
> Ik mag geen enkele fout maken, anders ben ik een waardeloos figuur.

maakt van je prestaties, ga je vroeger of later altijd de mist in. Want mensen zijn maar mensen en dus feilbaar. Jij ook. Als je uitgaat van irrationeel idee nummer 2, geef je jezelf geen enkele ruimte om eens een steek te laten vallen. En dat niet alleen: de kans is groot dat je ook van anderen altijd een perfecte prestatie verlangt, waardoor je gegarandeerd veel teleurstellingen te verwerken zult krijgen. En sympathieker zullen ze je ook niet gaan vinden.

Het is bovendien niet logisch om je zelfwaardering (of je waardering voor anderen) afhankelijk te maken van prestaties. Mensen zijn niet gelijk aan de gedragingen die ze vertonen. Iemand kan een vreselijke blunder maken, maar dat wil nog niet zeggen dat hij daardoor als mens een mislukkeling is.

Veel rationeler is het van jezelf te weten waar je grenzen liggen. Stel je doelen niet te hoog, probeer niet steeds anderen te overtroeven. Iedereen heeft nu eenmaal zijn sterke en zwakke kanten. Realiseer je dat je ook maar een mens bent, met alle tekortkomingen van dien. Natuurlijk zul je fouten maken, dat is onvermijdelijk, ook als het om het opvoeden van je kinderen gaat. Maar waar het wérkelijk om gaat, is dat je je best doet. Dat je in alle eerlijkheid tegen jezelf kunt zeggen dat je geprobeerd hebt wat je kunt. Als dingen desondanks mislukken, dan is dat natuurlijk jammer. Maar je schiet er in ieder geval niets mee op jezelf (of anderen!) daarvan verwijten te maken. Veel zinniger is het na te gaan hoe in de toekomst de gemaakte fout kan worden vermeden.

Irrationeel idee nummer 3 is nauw verbonden met irrationeel idee nummer 2. Dat komt doordat dezelfde denkfout erachter zit. Als je uitgaat van deze derde irrationele gedachte, zeg je eigenlijk dat mensen slecht zijn om datgene wat ze doen. Volgens de RET gaat het niet aan om mensen als persoon te veroordelen omdat ze slechte, verkeerde dingen doen. We hebben wel allemaal die onterechte neiging. Of je iemand slecht of gemeen kunt noemen, hangt in de meeste gevallen sterk af van de context waarin dingen gebeuren: niet alle leugens zijn per definitie slecht. Als je ervan uitgaat dat sommige mensen slecht zijn, dan betekent dat dus dat jij mag en kunt bepalen wat goed en

> **IRRATIONEEL IDEE NUMMER 3**
>
> Sommige mensen zijn slecht en ze zouden daarvoor gestraft moeten worden.

slecht is. Je laat jouw norm kennelijk als de enige juiste norm gelden. En dat is natuurlijk niet rationeel. Mensen hebben allemaal, door hun cultuur, opvoeding en ervaringen, een eigen patroon van normen en waarden ontwikkeld. In veel gevallen kunnen verschillende normen en waarden zonder problemen naast elkaar bestaan (als je tenminste verdraagzaam bent). Oorlogen, godsdienstoorlogen, ruzies en conflicten ontstaan juist doordat mensen deze verdraagzaamheid voor elkaars manier van denken en doen niet kunnen opbrengen.

De meeste mensen zijn 'van nature' een beetje wraakzuchtig. Als iemand ons een streek levert, hebben we vrijwel allemaal de neiging hem dat betaald te zetten. Of we dat ook moeten doen, is een tweede. Menselijkerwijs gesproken is dit goed te begrijpen, het geeft ons een zekere bevrediging. Als we echter zuiver rationeel nadenken, is de logica ver te zoeken. Straf leidt in vrijwel alle gevallen namelijk alleen maar tot een verhoging van spanning en agressie. Door iemand te straffen verander je die persoon totaal niet. Sterker nog: zijn neiging een bepaald gedrag te vertonen, wordt in de meeste gevallen alleen maar sterker.

IRRATIONEEL IDEE NUMMER 4
Ik kan er absoluut niet tegen als dingen anders gaan dan ik wil.

Natuurlijk moet er in de samenleving helaas in een aantal ernstige gevallen wel een straf worden opgelegd, vooral in de vorm van vrijheidsstraffen. Dit is echter een laatste redmiddel om de maatschappij en de mensen daarin te beschermen. De straffen die wij elkaar in onze dagelijkse omgang proberen op te leggen, zijn zelden zinvol en dienen meestal alleen de bevrediging van onze wraakzucht. Zoals we verderop zullen zien, is straf als opvoedingsmethode dan ook zelden effectief.
Veel rationeler is het dus persoon en gedrag zoveel mogelijk te scheiden. Waarom? Omdat je je dan veel minder aan de mensen zult ergeren. Als je mensen meer ruimte, meer krediet geeft, kun je ze makkelijker blijven accepteren.

Een kernbegrip uit de RET is de lage frustratietolerantie (LFT). De meeste mensen kunnen er slecht tegen als zaken anders gaan dan gepland. We houden daar niet zo van. Het is toch veel makkelijker als alles precies volgens plan verloopt? Zoals het toch ook veel makkelijker is als iedereen precies doet wat we willen? In werkelijkheid gaat het natuurlijk vaak anders. Het is zelfs zo dat tegenslagen en tegenwerking een onvermijdelijk bestanddeel vormen van ieders leven. Ook al plannen we onze acties nog zo goed, er kan altijd wat gebeuren waardoor de zaak finaal uit de hand loopt. Ook al doen we nog zo ons best, soms zit alles 'gewoon' verschrikkelijk tegen.
Volgens de RET heeft het weinig zin je te blijven ergeren aan tegenslagen: ze worden daar heus niet minder van. Net zo zinloos is het op mensen te schelden die er verantwoordelijk voor zijn dat de zaken zijn misgegaan: ze zijn immers al misgegaan en je boosheid maakt alles alleen maar erger en veroorzaakt buikpijn.
Als dingen tegenzitten, is dat op zich eigenlijk nooit een ramp. We maken er zelf een ramp van door er vreselijk zwaar aan te tillen. Het is daarom verstandig altijd rekening te houden met tegenslagen. Mensen zijn feilbare wezens en bijna alle werk is mensenwerk. Dus wat ligt er meer voor de hand dan een tegenslag zo nu en dan? Je bent irrationeel en onlogisch bezig als je daar geen rekening mee wenst te houden! Veel verstandiger is het in geval van tegenslagen na te gaan waardoor die zijn veroorzaakt. In een aantal gevallen zul je maatregelen kunnen nemen, zodat die zaken in de toekomst beter gaan. In andere gevallen blijft het risico van een mislukking bestaan, wat je ook doet. Mensen blijven mensen, met alle gevolgen van dien. LFT speelt, zoals we zullen zien, bij de meeste ouders een belangrijke rol. Maar al te vaak zal het gebeuren dat de opvoeding niet volgens jouw plan verloopt. En zul je te kampen krijgen met teleurstellingen en frustraties. Waak ervoor in der-

> **IRRATIONEEL IDEE NUMMER 5**
> Het ligt in principe nooit aan mij als er dingen misgaan. Ik kan er niets aan doen.

gelijke gevallen de gevoelens van frustratie de overhand te laten krijgen.

Sommige mensen denken inderdaad van zichzelf dat ze onfeilbaar zijn. Als er een fout wordt gemaakt, ligt dat nooit aan hen. Als er sprake is van een ruzie of van een conflict, ligt de schuld altijd bij de ander. Die ander moet er dan ook maar voor zorgen dat alles weer in orde komt. Ouders en opvoeders die zo denken, zullen er de grootste moeite mee hebben de verantwoordelijkheden van de opvoeding op zich te nemen. Ze zullen al snel het gevoel hebben dat, wat ze ook doen, het toch allemaal niets uithaalt… Irrationeel idee nummer 5 zorgt er ook voor dat mensen zich slachtoffer van de situatie gaan voelen: ze voelen zich een speelbal van factoren buiten hen. Ze nemen dan ook geen enkele verantwoordelijkheid voor wat er met hen gebeurt. Ze gaan ervan uit dat je het leven moet nemen zoals het is. En dat is natuurlijk maar zeer ten dele waar. Iedereen kan tot op zekere hoogte in zijn eigen leven ingrijpen en er richting aan geven. Het is onzin je zomaar mee te laten drijven met de gebeurtenissen om je heen. Je kunt wel degelijk tegen een bepaalde stroom in zwemmen en op die manier zélf de richting van je leven bepalen. Dat gaat in een heleboel gevallen op. Zelfs bij ernstige ziekten. Zo is het meermalen gebleken dat iemand een fatale ziekte wist te bedwingen door zich niet gewonnen te geven.

Je moet alleen altijd wél je grenzen kennen. Het is inderdaad onzinnig te vechten tegen zaken die bij voorbaat verloren zijn. Iedereen wordt ouder, iedereen moet sterven. Maar zelfs bij deze zaken heeft het meer zin ervan te maken wat ervan te maken valt, dan bij de pakken te gaan neerzitten. De RET leert je dat je moet proberen controle te krijgen over je eigen leven. Maar dan wel binnen je mogelijkheden.

> **IRRATIONEEL IDEE NUMMER 6**
> Ik moet altijd tot het uiterste bedacht zijn op allerlei soort narigheid.

Mensen die uitgaan van irrationeel idee nummer 6, hebben in feite geen leven. Voor hen schuilt in elk hoekje een ongeluk. Ieder kuchje, elk knobbeltje is de voorbode van een vreselijke en fatale ziekte. Nog één zware vrachtauto door de straat en het huis zal instorten. Iedereen is er naar hun idee op uit hen een loer te draaien. Hun toekomstbeeld is uiterst somber en het verleden gaf ook al geen reden tot optimisme. Kommer en kwel alom. Ouders die zo denken, kunnen door de minste of geringste onregelmatigheid in de ontwikkeling van hun kind compleet in paniek raken: ze denken meteen het ergste.

De ellende met dit soort gedachten is dat ze inderdaad allerlei onheil lijken af te roepen. Vaak zien we dat pessimisten altijd in allerlei narigheid verzeild raken (waardoor ze zich natuurlijk alleen maar bevestigd voelen in hun bange voorgevoelens). Een ander gevolg van al deze drukmakerij is dat je helemaal geen energie meer overhebt als de zaak wérkelijk fout gaat.

De RET verkondigt in feite de alom bekende boodschap: geen zorgen voor de dag van morgen. Het heeft geen enkele zin je vooraf druk te gaan zitten maken over alles wat er eventueel fout zou kunnen gaan in je leven. Als het eenmaal fout is gegaan, dan is het nog vroeg genoeg om je druk te maken.

> **IRRATIONEEL IDEE NUMMER 7**
> Ik moet koste wat het kost alle verantwoordelijkheden en moeilijkheden uit de weg gaan. Als ik niets doe, doe ik ook niets fout.

Een en ander betekent natuurlijk niet dat je met open ogen in zeven sloten tegelijk moet lopen. Waar het om gaat, is dat je in redelijkheid rekening houdt met bepaalde gevaren en risico's die zich nu eenmaal in elk mensenleven voordoen. Maar als je daarin te ver gaat, zit je binnen de kortste keren met een flinke fobie opgescheept en dat maakt het leven er zeker niet eenvoudiger op.

Op het eerste gezicht lijkt irrationeel idee nummer 7 een waarheid als een koe. Want wat is er makkelijker dan het ontlopen van elke vorm van verantwoordelijkheid? Wat is er gemakkelijker dan anderen belangrijke beslissingen te laten nemen, zodat jij er nooit op kunt worden aangesproken als de zaak misloopt?

Op dezelfde manier lijkt het ideaal om alle moeilijkheden te ontwijken. Steeds als er problemen dreigen, zorg je ervoor dat je weg bent. Ouders die zo denken, kunnen natuurlijk nooit een steun en toeverlaat zijn voor hun kinderen. Eigenlijk zeggen ze steeds: zoek het zelf maar uit, ik weet het ook niet.

Op het eerste gezicht is dat inderdaad heel gemakkelijk. Maar let op. Als je er een gewoonte van maakt om alle problemen te ontlopen, zul je jezelf steeds zwakker maken. Je zelfvertrouwen krijgt geen kans zich te ontwikkelen. Je zelfbeeld zal er ook niet op vooruitgaan: je krijgt een

> **IRRATIONEEL IDEE**
> **NUMMER 8**
> Ik ben volledig afhankelijk van anderen. In m'n eentje stel ik niets voor, kan ik niets.

hekel aan jezelf omdat je weet dat je altijd de gemakkelijkste weg kiest. Je zult steeds minder weerbaar worden tegen elke vorm van spanning. Problemen zijn natuurlijk lastig, maar ze bieden je ook een mogelijkheid jezelf sterker te maken. Oefening baart tenslotte kunst.

Bovendien zul je je niet bepaald geliefd maken bij je omgeving als je er steeds de kantjes vanaf loopt. Mensen houden in de regel niet van slapjanussen die overal onderuit proberen te komen.

Veel rationeler is het om problemen te beschouwen als een uitdaging, als een gelegenheid aan jezelf en anderen te laten zien wat je in je mars hebt. Een en ander betekent natuurlijk niet dat je nooit eens flink aangeslagen kunt raken door een bepaald probleem. Of dat je nooit te maken krijgt met een werkelijk onoplosbaar probleem. Maar zelfs in die gevallen zal een ontwijkende houding je geen enkele winst opleveren. Hooguit een tijdelijke, waarvoor je later dan weer de prijs dubbel en dwars zal moeten betalen.

Van deze manier van denken zul je ook niet echt vrolijk worden. Je maakt jezelf volledig afhankelijk van anderen, je zelfwaardering is minimaal. En wie zichzelf niet waardeert, kan erop rekenen dat anderen hem evenmin waarderen. Mensen die zichzelf de grond in boren zijn in de regel niet populair. Zo bewijzen ouders die rondbazuinen dat ze eigenlijk helemaal niet geschikt zijn voor het ouderschap zichzelf en hun kinderen beslist geen dienst.

Natuurlijk is iedereen tot op zekere hoogte afhankelijk van anderen. De mens is een sociaal wezen en heeft als zodanig de ander nodig. Dat geldt niet alleen voor het uitvoeren van bepaalde taken, maar evenzeer voor het krijgen van waardering, warmte en respect. Het is ook helemaal geen schande op deze manier afhankelijk te zijn van anderen. Er schuilt bijvoorbeeld helemaal geen kwaad in als je bij een ander te rade gaat, voordat je een belangrijke beslissing neemt. Als die ander meer verstand van zaken heeft, is dat zelfs een heel verstandige handelwijze. Net zomin is het verkeerd om tegen je partner te zeggen dat je moeilijk zonder hem of haar kunt leven, of dat je kinderen voor jou het belangrijkste zijn op de hele wereld. Ook daarin schuilt niets verkeerds. Wat waar is, is waar.

Problemen ontstaan echter wanneer je ervan uitgaat dat je nooit op een zelfstandige manier een beslissing kunt nemen. Wanneer je het gevoel hebt dat je altijd het advies van anderen nodig hebt. Wanneer je het idee hebt dat het leven volstrekt zinloos zou worden als je partner je zou verlaten. Wanneer je op allerlei manieren probeert tegen te gaan dat je kinderen zelfstandig worden. In die gevallen is er sprake van een dwingende afhankelijkheid.

Rationeel is het een open oog te hebben voor je eigen afhankelijkheden. Rationeel is het na te gaan of, en zo ja, in hoeverre je iets zou kunnen ondernemen om je van bepaalde mensen (en zaken!) minder afhankelijk te maken. In bepaalde gevallen zal dat betekenen dat je meer risico's moet nemen. In deze gevallen zal dat inhouden dat je je een stuk minder veilig zult voelen. Lastig, dat wel. Maar van de andere kant prima gelegenheden om je zelfvertrouwen te vergroten.

> **IRRATIONEEL IDEE NUMMER 9**
> Mijn leven wordt grotendeels bepaald door mijn verleden.

Irrationeel idee nummer 9 is misschien wel een van de gevaarlijkste en meest ondermijnende irrationele ideeën. Hoe vaak doen mensen geen uitspraken in de trant van: 'Ik ben zoals ik ben, daar kun je niets meer aan veranderen.' Of: 'Als je voor een dubbeltje geboren bent, dan word je nooit een kwartje.' Of: 'Eens een dief, altijd een dief.' Irrationeel idee nummer 9 is er verantwoordelijk voor dat mensen geen enkel geloof hebben in veranderingen van henzelf en/of anderen. Ouders die zelf het slachtoffer zijn geweest van hun opvoeding, zouden kunnen denken dat die ervaring hen totaal ongeschikt maakt om zelf een goede ouder te kunnen zijn. Dat hoeft dus helemaal niet zo te zijn: ouders die zelf de dupe zijn geweest van een niet al te wenselijke manier van opvoeden, weten hoe het in ieder geval niet moet.

Natuurlijk worden we in een bepaalde mate allemaal beïnvloed door de (goede en slechte) ervaringen die we in het verleden hebben gehad. Bepaalde ervaringen zullen beslist een heel diepe indruk op ons hebben gemaakt en doorwerken in het heden. De mate waarin dat echter gebeurt, hangt in grote mate af van de manier waarop wij tegen die ervaringen in het verleden aankijken. Want vooral hier geldt het ABC van de RET: het zijn niet de gebeurtenissen in het verleden (A) die ons leven bepalen (C), maar de manier waarop we tegen die gebeurtenissen aankijken (B).

Je kunt jezelf wel degelijk veranderen. Dat kun je door anders te gaan nadenken over jezelf en de wereld waarin je leeft. Als je iets ergs hebt meegemaakt, kun je natuurlijk denken: dit kom ik nooit meer te boven,

> **IRRATIONEEL IDEE NUMMER 10**
>
> Ik moet me de moeilijkheden van anderen altijd zoveel mogelijk aantrekken.

en vervolgens diep terneergeslagen bij de pakken gaan neerzitten. Je zou echter ook kunnen denken: oké, wat er nu gebeurd is, is inderdaad heel vreselijk, maar het is helaas gebeurd. Laat ik gaan kijken op welke manier ik deze klap te boven kan komen. Als je zo denkt, kun je ook je gevoelens beïnvloeden. Je kunt op die manier een verlammende en deprimerende apathie vervangen door een veel actievere levenshouding.

Irrationeel idee nummer 10 maakt op het eerste gezicht een heel menslievende indruk. Het is natuurlijk ook heel mooi als je je iets aantrekt van de moeilijkheden van anderen. Tenminste, als je dat doet vanuit een wezenlijke interesse voor die ander en vanuit een oprechte wil iets aan zijn of haar problemen te doen. Veel mensen houden zich echter bezig met de problemen van anderen om op die manier te verdoezelen dat ze hun eigen problemen niet de baas kunnen. En bij dat soort betrokkenheid bij andermans problemen is niemand gebaat.

Het is ook mogelijk dat je je de problemen van de ander te veel aantrekt. Ook in dat geval ben je verkeerd bezig, want dan ben je door je te grote betrokkenheid niet meer in staat te beoordelen wat er precies aan de hand is. Medeleven wordt dan letterlijk mede-lijden en ook daarvan wordt niemand iets wijzer.

Veel verstandiger is het voor jezelf na te gaan of, en zo ja, op welke manier je iets voor de ander kunt doen. Je zult erachter komen dat je in lang niet alle gevallen per se iets hoeft te doen. In een aantal gevallen zal het zelfs zo zijn dat je maar beter niets kunt doen. Soms is het beter dat je de ander zélf zijn of haar problemen laat oplossen. Diegene wordt daardoor sterker en zelfstandiger. En hoe moeilijk en verdrietig dat soms ook is: dit geldt in bepaalde gevallen ook ten aanzien van je eigen kinderen…

> **IRRATIONEEL IDEE NUMMER 11**
>
> Ik moet voor elk probleem de perfecte oplossing zien te vinden.

Veel mensen gaan ervan uit dat elk probleem op een perfecte manier moet worden opgelost. Daarmee werken ze zichzelf danig in de nesten. Al was het alleen maar vanwege het feit dat er voor veel problemen niet eens een oplossing bestaat, laat staan een perfecte. Bovendien is het in veel gevallen niet goed na te gaan of de gekozen oplossing wel de perfecte is.

In het ergste geval stellen mensen het aanpakken van een bepaald pro-

> **IRRATIONEEL IDEE**
> **NUMMER 12**
> Ik kan niet leven met onzekerheden.

bleem steeds maar uit, omdat ze niet kunnen beslissen welke aanpak ze gaan volgen. Ze vergeten daarbij dat het beter is ten halve te keren, dan ten hele te dwalen. Het heeft geen enkele zin om naar perfectie te streven, op welk gebied dan ook. Want mensen zijn en blijven mensen en dus vatbaar voor fouten. Een perfect mens bestaat niet en zou waarschijnlijk uiterst saai zijn. In dezelfde lijn zou je kunnen zeggen dat de perfecte opvoeding ook niet bestaat. Streef er dan ook niet naar, je maakt er jezelf en je kinderen alleen maar ongelukkig mee.

Veel verstandiger is het om een probleem goed te analyseren en na te gaan wat je eraan zou kunnen doen. 'Het ergste van alles is twijfel,' zei Napoleon al, dus je doet er goed aan een bepaalde oplossing uit te proberen. Heeft die niet het gewenste resultaat, dan is dat jammer, maar zeker geen ramp. Probeer gewoon de volgende uit.

Er zijn mensen die de meeste tijd van hun leven bezig zijn zich in te dekken tegen alle mogelijke risico's. Ze nemen pas beslissingen als ze de zaken meermalen van alle kanten hebben bekeken. Ze eten supergezond, ze doen aan sport, ze nemen financieel geen enkel risico. Ze zullen zich nooit in een avontuur storten, maar altijd op safe spelen. Dergelijke mensen beschikken over een lage frustratietolerantie (LFT). Het is jammer voor deze mensen, maar ze zullen er, ondanks al hun inspanningen, toch nooit in slagen maximale zekerheid te krijgen. Een mensenleven zit nu eenmaal vol onzekerheden. Hoeveel voorzorgen je ook neemt, er zal altijd wel weer iets gebeuren waarop je niet gerekend had. Dat geldt met name als het om de opvoeding van je kinderen gaat: je kunt doen wat je wilt, maar ze vallen allemaal een keer letterlijk en figuurlijk van de trap...

Veel rationeler is het om door oefening je frustratietolerantie te vergroten. Dat kun je doen door bewust risico's aan te gaan (uiteraard binnen een veilige marge). Gemakkelijk is dat natuurlijk niet, want de eerste tijd zul je je behoorlijk onzeker voelen. Gaandeweg zal het echter duidelijk worden dat er met deze onzekerheid prima te leven valt. Het is vaak gewoon een kwestie van wennen.

Aan het eind van dit hoofdstuk staan alle twaalf irrationele ideeën nog eens op een rij, samen met het rationele alternatief. Bij alle irrationele ideeën is er sprake van een dwang die je jezelf oplegt: steeds moet er iets per se gebeuren of mag er iets absoluut niet gebeuren. Het gevolg is dat ze allerlei negatieve emoties oproepen zoals angst, twijfel en onzekerheid. In de RET wordt een duidelijk onderscheid gemaakt tussen de verschillende soorten negatieve emoties die het gevolg zijn van een irrationele manier van denken.

1.7 • GEZONDE EN ONGEZONDE NEGATIEVE EMOTIES

Dat klinkt wat vreemd: gezonde negatieve emoties. Negatief is toch nooit gezond? Laat staan prettig. Toch is het niet zo vreemd. In de RET worden met gezonde negatieve emoties de emoties bedoeld die je, hoewel ze van nature niet prettig zijn, toch verder kunnen helpen. Emoties waar je iets mee kunt doen, die je aanzetten tot het ondernemen van acties.

Ongezonde negatieve emoties hebben een verstikkend karakter en leiden tot apathie, tot machteloosheid. In tabel 1.1 staan de verschillende gezonde en ongezonde negatieve emoties op een rij.

TABEL 1.1 • GEZONDE EN ONGEZONDE NEGATIEVE EMOTIES	
gezond	ongezond
bezorgdheid	angst
verdriet	depressie
spijt	schuld/schaamte
ergernis	woede

Wanneer je bezorgd bent dat er iets gebeurt, dan hoop je dat het niet gebeurt. Je bent niet compleet uit het veld geslagen als het toch gebeurt. Als je bezorgd bent, ben je nog goed in staat na te gaan wat je zou kunnen doen om een eventueel onheil te voorkomen of te beperken.

Heel anders is het wanneer je angstig bent. In dat geval zit je eigenlijk als slachtoffer af te wachten totdat de klap valt. Je hebt alle hoop laten varen dat je nog iets kunt doen om het onheil af te wenden.

Bezorgdheid is het gevolg van een rationele manier van denken, bijvoorbeeld: Ik zou willen dat dit of dat niet gebeurt. Maar als het onverhoopt toch gebeurt, dan zien we wel weer hoe we verder gaan.

Angst is het gevolg van een irrationele manier van denken: Dit of dat mag absoluut niet gebeuren. Gebeurt het toch, dan is dat een onoverkomelijke ramp.

Verdriet is een gezonde negatieve emotie, omdat er een zekere acceptatie in doorklinkt: Het is erg jammer wat er nu gebeurd is, maar kennelijk heeft het zo moeten zijn. Wie ben ik om te verwachten dat alle verdriet mij bespaard zou blijven? Een rationele manier van denken dus.
Een depressie is heel duidelijk het gevolg van een irrationele manier van denken: Het is een volslagen ramp, wat er nu gebeurd is. Dit had nooit mogen gebeuren. Dit zal ik nooit te boven kunnen komen. Mijn leven heeft geen enkele zin meer.

Ook spijt is het gevolg van een rationele manier van denken: Het is jammer dat ik deze fout gemaakt heb. Ik heb mijn best gedaan, maar ik ben en blijf ook maar een mens en mensen zijn nu eenmaal feilbare wezens. Laat ik de volgende keer proberen nog beter mijn best te doen of nog beter op te letten. Misschien lukt het dan wél.
Schuld en schaamte zijn ongezonde negatieve emoties en het resultaat van een irrationele manier van denken: Het is onvergeeflijk dat ik dit gedaan heb. Zie je nu wel dat ik nergens voor deug? Hoe zal ik dit ooit weer kunnen goedmaken? Ik verdien het niet dat mensen mij nog ooit aankijken. Ik schaam me dood.

Je ergert je wanneer iemand iets doet (of wanneer er iets gebeurt) wat je niet leuk vindt. Ergernis is het gevolg van een rationele manier van denken: Ik zou willen dat hij dat niet gedaan had (of doet), maar ja, zo zijn de mensen nu eenmaal. Wie ben ik om te verwachten dat iedereen precies doet wat ik wil?
Woede is een ongezonde negatieve emotie waar je zelf het meeste last van hebt. Woede is het gevolg van een irrationele manier van denken: Hoe haalt hij het in zijn hoofd om mij dit aan te doen? De vreselijkste straf is nog te goed voor hem!

Alle ongezonde emoties zijn het gevolg van een irrationele manier van denken en de gezonde emoties van een rationele manier van denken. Dat betekent dus dat je je ongezonde negatieve emoties kunt vervangen door gezonde, wanneer je erin slaagt op een rationele manier te denken. We komen daar in het volgende hoofdstuk nog uitgebreid op terug.

1.8 • VERSCHILLENDE SOORTEN INZICHT

Als je de RET op jezelf toepast, kun je met behulp van wat je tot nu toe geleerd hebt vrij eenvoudig allerlei irrationele ideeën en ongezonde negatieve emoties bij jezelf ontdekken. Je krijgt zo vrij gemakkelijk een eerste inzicht in je eigen manier van denken en in de mate van (ir)rationaliteit daarvan. Maar dan ben je er nog niet. Weten wat je fout doet, wil nog niet zeggen dat je van je problemen verlost bent. Veel mensen weten bijvoorbeeld precies te vertellen waardoor en wanneer ze in de problemen zijn geraakt. Ze kunnen met grote precisie vertellen hoe irrationeel hun manier van denken is (bijvoorbeeld in het geval van een fobie of een depressie), zonder dat ze zich daardoor beter gaan voelen. Een veelgehoorde uitspraak in dit verband is: 'Ik weet nu wel hoe het allemaal gekomen is, maar hoe kom ik er nu vanaf?'

In de RET wordt onderscheid gemaakt tussen twee soorten inzicht: rationeel inzicht en emotioneel inzicht. Het rationele inzicht is het inzicht dat we hierboven beschreven hebben: weten hoe het allemaal gekomen is, kennis hebben van de feiten en mechanismen die geleid hebben tot de problemen (bijvoorbeeld je opvoeding, je ervaringen als kind, een ongeluk, zakken voor een examen). Dit rationele inzicht is in de regel vrij gemakkelijk te krijgen, maar leidt op zich niet tot verandering; hooguit tot de wens om te veranderen.
Veel belangrijker is dan ook het emotionele inzicht. Volgens de RET is er sprake van emotioneel inzicht wanneer je van jezelf niet alleen weet dat je wilt veranderen, maar er ook heilig van overtuigd bent dat je kunt veranderen. Emotioneel inzicht is veel moeilijker te krijgen dan rationeel inzicht. Emotioneel inzicht wil zeggen dat je bereid bent risico's te nemen om nieuwe gedragingen uit te proberen. Emotioneel inzicht is de werkelijke motor achter het proces van verandering. Emotioneel inzicht heeft te maken met een doorvoelde motivatie.
Heel simpel gesteld: rationeel inzicht heeft te maken met inzicht in oorzaken en gevolgen. Emotioneel inzicht heeft veel meer te maken met het geloof in en vertrouwen op met name motivatie tot verandering.

1.9 • SAMENVATTEND

De basistheorie en de basisbegrippen van de RET zijn besproken. Beschreven is dat je niet zozeer door de gebeurtenissen in het leven in de problemen komt, maar veeleer door de manier waarop je tegen deze gebeurtenissen aankijkt. Mensen hebben 'van nature' een neiging om op een ongezonde, irrationele manier over zichzelf en hun leven na te denken. Ze zetten zichzelf en anderen nodeloos onder druk, waardoor ze het zichzelf en anderen alleen maar moeilijk maken. Aan de andere kant heeft de mens ook een sterke neiging om op zoek te gaan naar zijn geluk: als zijn leven hem niet bevalt, gaat hij op zoek naar een prettigere manier van leven. De RET gaat ervan uit dat je je gevoelens tot op zekere hoogte onder controle kunt krijgen door op een verstandige, rationele manier na te denken. Met andere woorden: volgens de RET denken we onszelf ziek (ongelukkig), en kunnen we onszelf ook weer gezond (gelukkig, tevreden) denken.

De twaalf meest voorkomende irrationele ideeën zijn besproken en er is duidelijk gemaakt dat deze irrationele ideeën stuk voor stuk tot allerlei ongezonde, onverstandige, irrationele gevoelens leiden. In tabel 1.2 en 1.3 is alles nog eens bij elkaar gezet.

TABEL 1.2 • DE DRIE IRRATIONELE BASISIDEEËN

irrationeel basisidee	uitspraak
1	Ik moet altijd goed presteren en daarvoor gewaardeerd worden door anderen. Zo niet, dan ben ik een waardeloos figuur.
2	Iedereen moet aardig voor me zijn. Zijn ze dat niet, dan zouden ze daarvoor gestraft moeten worden.
3	Ik moet alles wat ik hebben wil, op een relatief eenvoudige manier kunnen krijgen. Tegenslagen en andere narigheid moeten mij bespaard blijven.

TABEL 1.3 • DE TWAALF IRRATIONELE IDEEËN EN RATIONELE ALTERNATIEVEN

irrationeel idee	uitspraak	rationeel alternatief
1	Het is voor mij absoluut noodzakelijk dat ik door iedereen aardig word gevonden.	Veel rationeler is het om je te realiseren dat het onmogelijk is een allemansvriend te zijn.
2	Ik mag geen enkele fout maken, anders ben ik een waardeloos figuur.	Veel rationeler is het uit te gaan van je eigen beperkingen.
3	Sommige mensen zijn slecht en ze zouden daarvoor gestraft moeten worden.	Veel rationeler is het persoon en gedrag zoveel mogelijk te scheiden.

4	Ik kan er absoluut niet tegen als dingen anders gaan dan ik wil.	Veel verstandiger is het in geval van tegenslagen na te gaan waardoor die zijn veroorzaakt en hoe je ze in de toekomst kunt voorkomen.
5	Het ligt in principe nooit aan mij als er dingen misgaan. Ik kan er niets aan doen.	De RET leert je dat je moet proberen controle te krijgen over je eigen leven. Maar dan wel binnen je mogelijkheden.
6	Ik moet altijd tot het uiterste bedacht zijn op allerlei soorten narigheid.	De RET verkondigt in feite de alom bekende boodschap: geen zorgen voor de dag van morgen.
7	Ik moet koste wat kost alle verantwoordelijkheden en moeilijkheden uit de weg gaan. Als ik niets doe, doe ik ook niets fout.	Veel rationeler is het om problemen te beschouwen als een uitdaging, als een gelegenheid aan jezelf en anderen te laten zien wat je in je mars hebt.
8	Ik ben volledig afhankelijk van anderen. In m'n eentje stel ik niets voor, kan ik niets.	Rationeel is het een open oog te hebben voor je eigen afhankelijkheden. Rationeel is het na te gaan of, en zo ja, in hoeverre je iets zou kunnen ondernemen om je minder afhankelijk te maken.
9	Mijn leven wordt grotendeels bepaald door mijn verleden.	Je kunt je leven wel degelijk veranderen. Dat kun je door anders te gaan nadenken over jezelf en de wereld waarin je leeft.
10	Ik moet me de moeilijkheden van anderen altijd zoveel mogelijk aantrekken.	Veel verstandiger is het voor jezelf na te gaan of, en zo ja, op welke manier je iets voor de ander kunt doen.
11	Ik moet voor elk probleem de perfecte oplossing zien te vinden.	Veel verstandiger is het om een probleem grondig te analyseren en na te gaan wat je er, binnen je mogelijkheden, aan zou kunnen doen.
12	Ik kan niet leven met onzekerheden.	Veel rationeler is het om door oefening je frustratietolerantie te vergroten.

1.10 • RATIONELE IDEEËN EN GEVOELENS: D EN E

Hoe kun je nu de irrationele ideeën en gevoelens vervangen door rationele? Het ABC uit de RET kun je uitbreiden met D en E. Naast de A voor aanleiding, de B voor bril en de C voor consequentie, zijn er de D voor ter discussie stellen en de E voor effect. De gehele RET-cirkel gaat dan als volgt: als je van jezelf in de gaten krijgt dat je ergens een probleem mee hebt (dat je down, boos of agressief bent), doe je er goed aan na te gaan hoe het een en ander in z'n werk is gegaan: wat is de oorzaak van je zo rot voelen? Met andere woorden: wat is in jouw ogen de A geweest? En welke gedachten (B), ideeën (B) en verwachtingen (B) hebben geleid tot dat nare gevoel (C)? En zijn die gedachten (B), ideeën (B) en verwachtingen (B) wel zo rationeel geweest?

De kern van D is het stellen van die vraag: zijn mijn gedachten, ideeën en verwachtingen rationeel, dan wel irrationeel. Typische D-vragen kunnen zijn:

– Kloppen mijn veronderstellingen eigenlijk wel?
– Wie ben ik om te denken dat ik gelijk heb?
– Hoezo is mijn waarheid de enige waarheid?
– Waarom hang ik mijn hele leven op aan deze ene zaak en/of persoon?
– Waarom moet ik eigenlijk altijd winnen?
– Waarom wil ik eigenlijk zo populair zijn?
– Is het wel terecht dat ik mezelf steeds zo afkraak?
– Waarom zou ik de perfecte opvoeder moeten zijn?
– Waarom mogen mijn kinderen geen fouten maken?

Je eigen ideeën ter discussie stellen, wil zeggen dat je je eigen denkpatroon aan een grondige analyse onderwerpt: je wilt achterhalen wat er in je eigen denken rationeel, dan wel irrationeel is. Een irrationele gedachte of een irrationeel idee noemen we voortaan een iB. Een rationeel idee heet dan een rB. De bedoeling van de D is dat je je irrationele ideeën (bijvoorbeeld over de opvoeding!) vervangt door rationele.

Ben je er eenmaal met je analyse achtergekomen dat nogal wat van je ideeën (verwachtingen, vooronderstellingen) irrationeel zijn, dan kun je ze gaan vervangen door de rationele alternatieven (zie tabel 1.3). Als het goed is, ga je je beter voelen (minder down, minder agressief, minder machteloos, minder gespannen). Dit is een bepaald gevoelsmatig effect – de E – van je inspanningen. In het ideale geval is er ook een gedragsmatig effect – een tweede E – je gaat je voortaan anders gedragen. Tot slot kan er het cognitieve effect – de belangrijkste E – zijn: door toepassing van de RET heb je geleerd anders over bepaalde zaken na te denken.

TIP

Nu is zelfonderzoek altijd lastig en niet zelden pijnlijk. Niet iedereen is er dan ook toe geneigd, want veel mensen hebben er een broertje dood aan om in zichzelf te kijken: wat doe ik en waarom doe ik dat? Wat zijn de achterliggende motieven van mijn gedrag? We spreken in dit verband van introspectie. Niet elk mens is daartoe in staat, veel mensen weren allerlei negatieve gedachten over zichzelf bij voorbaat af. Soms verloopt zo'n afweerproces zelfs onbewust. Het kan daarom nuttig en handig zijn zo'n analyse van je eigen denkpatronen uit te voeren in het gezelschap van iemand die jou goed kent en die tegelijkertijd het lef heeft om eerlijk tegen je te zijn. De test in het derde hoofdstuk kan je daarbij erg goed van dienst zijn.

Genoeg theorie nu, op naar de praktijk…

2
RET je kind

2.1 • INLEIDING

Wat kan de theorie van de RET betekenen voor de praktijk van de opvoeding? In dit hoofdstuk wordt een vertaalslag gemaakt van de RET-theorie – zoals die is geformuleerd voor de therapie – naar het terrein van de opvoeding. Dit klinkt moeilijker dan het in feite is, omdat elk van de twaalf irrationele ideeën (zie tabel 1.3) zich vrij eenvoudig laat omzetten naar de opvoedingssituatie. Voorafgaand aan deze vertaalslag eerst ter verduidelijking enkele uitgangspunten.

Chronologie. Bij de bespreking van de diverse problemen in dit hoofdstuk is gekozen voor een zekere chronologie: eerst het onderwerp 'huilbaby's' en als laatst 'verslaafd aan de nieuwe technologie'. Let wel: beslist niet alle min of meer specifieke problemen uit een bepaalde ontwikkelingsfase zullen hier de revue passeren, dat is niet de opzet van dit boek geweest. Slechts de meest voorkomende komen hier aan bod.

Leerbaarheid van gedragingen. Ofwel het aloude nature-nurture-probleem: in hoeverre zijn de gedragingen van mensen – meer specifiek van kinderen –, is hun persoonlijkheid, het resultaat van genetische, dan wel opvoedingsfactoren? Ondanks alle genetische geluiden, voornamelijk uit Amerika afkomstig, is opvoeding nog steeds van doorslaggevend belang bij de vorming van de persoonlijkheid van een kind. Tot op heden (2010) is slechts van drie persoonlijkheidstrekken een serieus genetisch (lees: erfelijkheid) effect aangetoond: het gaat dan om het IQ, extraversie (het gericht zijn op de buitenwereld) en antisociaal gedrag. Bovendien haast elke zichzelf serieus nemende gedragsgeneticus zich bij deze constatering te vermelden dat omgeving en opvoeding bepalend zijn voor het al dan niet tot ontwikkeling komen van deze en andere aangeboren eigenschappen. Dus al is een bepaalde eigenschap genetisch aanwezig, dan nog zijn het opvoeding en omgeving die bepalen of die bepaalde eigenschap al dan niet tot ontwikkeling komt.

– Straf en dwang. Deze aloude opvoedmethodes worden in dit boek slechts met een zekere aarzeling behandeld. Straf en dwang dienen als opvoedtechnieken nooit de eerste keuze te zijn. Ze worden slechts geadviseerd bij gebrek aan beter. Enerzijds zit hier een zuiver psychologische motivering achter: in talloze onderzoekingen is overduidelijk aangetoond dat deze 'technieken' niet effectief zijn. Ze onderdrukken het ongewenste gedrag alleen maar tijdelijk, en maken de neiging om het gedrag te vertonen zelfs sterker. Anderzijds weerspiegelt het uitoefenen van straf en dwang een soort fundamentele ongelijkheid tussen opvoeder en kind, met name in termen van macht. Het uitoefenen van macht moet zoveel mogelijk vermeden, dan wel voorkomen worden als het om opvoeden gaat. De RET richt zich veel liever op wederzijds begrip en respect.

2.2 • HET GEWETEN VAN EEN KIND

Hoewel het geenszins de bedoeling is van dit boek een soort psychologisch handboek te maken, zijn er toch wat onderwerpen die extra aandacht verdienen. Eén daarvan is de ontwikkeling van de gewetensfunctie bij het kind.

Opvoeden bestaat voor een groot deel ook uit corrigeren. Kinderen zullen op elke leeftijd gedragingen uitproberen. Soms zijn die gedragingen ongewenst, soms zelfs ronduit gevaarlijk voor het kind, of voor anderen in de omgeving van het kind. In een aantal gevallen kan het gebeuren dat we ons geduld verliezen en boos worden. In die gevallen kan het voorkomen dat we er ten onrechte van uitgaan dat het kind denkt, voelt en doet als een volwassene. We houden het kind bijvoorbeeld verantwoordelijk voor gedragingen waarvoor het, op grond van zijn ontwikkeling, helemaal nog niet verantwoordelijk gesteld kan worden. Dit geldt natuurlijk zonder meer voor de verstandelijke ontwikkeling, maar zeker ook voor de ontwikkeling van de gewetensfunctie bij het kind.

Het streven bij de adviezen in dit boek is dan ook om aan te geven wat wel en niet van een kind op een bepaalde leeftijd te verwachten is. Een kind zonder ontwikkeld moreel besef moet bijvoorbeeld heel anders behandeld worden dan een kind dat wél dat besef, of een 'normaal' ontwikkeld geweten, heeft.

MORELE ONTWIKKELING

Omwille van de overzichtelijkheid volgt hier alvast een overzichtje van 'de ontwikkeling van het geweten', zoals de Amerikaanse onderzoeker Lawrence Kohlberg[1] het noemt. Volgens Kohlberg is morele ontwikkeling aangeboren bij elk kind. Deze staat dus relatief los van de sociale omgeving en de verstandelijke ontwikkeling van het kind. Rita Kohnstamm[2] omschrijft de morele ontwikkeling als volgt: 'Niet de omgeving brengt het kind moraal bij, maar het kind heeft een aangeboren gevoel voor rechtvaardigheid en probeert daarmee de ervaringen die het met de omgeving opdoet te ordenen. Er zou dus zoiets bestaan als een "aangeboren geweten".'

De totale ontwikkeling van het geweten verloopt volgens Kohlberg in drie stadia (preconventioneel, conventioneel en postconventioneel), die elk weer te verdelen zijn in twee fasen. Op die manier ontstaan er dus zes verschillende ontwikkelingsfasen van het geweten:

- Het kind gedraagt zich 'goed', omdat het anders straf krijgt. In feite zou je kunnen zeggen dat het kind nog geen besef van 'goed' heeft, maar eigenlijk alleen maar van straf: ik mag mijn zusje niet knijpen, want dan krijg ik straf. Merk op dat er totaal geen sprake is van zaken als empathie (invoelen in de ander) of anderszins verplaatsen in de persoon van de ander.
- Goed is, wat het kind als prettig ervaart. In deze fase leert het kind de mentaliteit kennen van voor wat hoort wat. Leugentjes om bestwil en behoeftebevrediging zijn toegestaan. Kinderen tot tien jaar, sommige adolescenten en veel delinquenten redeneren op dit preconventionele niveau.
- Gedrag is 'goed' als de omgeving het als 'goed' bestempelt. Tot een jaar of twaalf speelt het gezin (of de opvoeders) daarin een centrale rol.

---

[1] Lawrence Kohlberg, 1983. Moral stages: a current formulation. Contributions to Human Development, 10, 104-166.

[2] Nederlands psychologe en auteur van de uitstekende handboeken *Kleine ontwikkelingspsychologie 1, 2 en 3*. Houten, Bohn Stafleu van Loghum.

- In de puberteit wordt de sociale leefwereld veel groter. Er treden veranderingen op in wat het kind als 'goed' en 'slecht' ervaart. Wat 'goed' is wordt gerelateerd aan de normen van de groep. Er is sprake van een bepaalde mate van wederkerigheid: wat gij niet wilt dat u geschiedt, doe dat ook een ander niet. De meeste adolescenten en volwassenen redeneren op dit conventionele niveau.
- Het kind, de adolescent, krijgt oog voor de universele menselijke waarden (vrijheid van godsdienst, vrijheid van meningsuiting, recht op een menswaardig bestaan).
- 'Goed gedrag' is gedrag dat gebaseerd is op deze universele waarden en op het principe van totale rechtvaardigheid. De hoogste ethiek in denken en doen. Het nemen van eigen verantwoordelijkheid.

De eerlijkheid gebiedt te vermelden dat Kohlberg in zijn latere publicaties de zesde fase maar heeft weggelaten: in onze egoïstische westerse consumptiemaatschappij bereikt vrijwel niemand dit hoogste niveau. Een fase overslaan kan volgens Kohlberg niet, het kind gaat vanzelf over van de ene fase naar de andere. Een kind kan echter wel door de omgeving belemmerd worden om door te groeien naar de volgende fase, bijvoorbeeld in de 'kansarme', 'asociale' milieus waarin kinderen alleen maar leren te overleven. In zo'n milieu krijgt het kind niet gauw de kans om sociaal verantwoorde, ethisch hoogstaande denkpatronen te ontwikkelen.

Kohlberg geeft bij zijn indeling in fasen vrijwel geen leeftijdsaanduidingen. In dit boek is dit wel nodig, om aan te kunnen geven wat er van een kind op een bepaalde leeftijd verwacht mag worden. Rita Kohnstamm[3] heeft een wat meer leeftijdsgerelateerde indeling, die hieronder zeer globaal wordt weergegeven.
- Rond tweeënhalf jaar. Een kind weet vrij goed wat vader en moeder wel en niet goed vinden. Het probleem is echter dat dit morele besef van het kind alleen maar geldig is in aanwezigheid van vader of moeder. Zijn die er niet, dan gelden er opeens heel andere of helemaal geen regels, en doet het kind precies waar het zin in heeft. Kennelijk dient de bestraffer fysiek aanwezig te zijn om zijn of haar invloed te doen gelden.
- Tussen tweeënhalf en vier jaar. Kinderen gaan zichzelf toespreken als ze in overtreding zijn (foei, dat is stout), maar gaan evenzo vrolijk door met stout-zijn. Weer wat later gaan ze een ander de schuld ge-

---

[3] Rita Kohnstamm, 2002. *Kleine ontwikkelingspsychologie, deel 1*. Houten: Bohn Stafleu van Loghum.

ven van de overtredingen (heb ik niet gedaan, maar hij…). Er is dus kennelijk wel degelijk een besef van wat wel en niet mag. En uiteraard is er ook het besef van een dreigende straf.
- Rond vier jaar. Het kind heeft een soort innerlijke rem gevormd. De aanwezigheid van ouders en opvoeders is niet meer noodzakelijk om het kind aan de spelregels te houden. Ze weten het nu 'van zichzelf', echter zonder dat ze een besef hebben van de hogere morele waarden en de algemene principes die achter de geboden en verboden zitten. In deze tijd zie je dat kinderen zich vrij star aan de regels houden: goed is goed, en fout is fout. Kleuters kunnen bovendien nog geen onderscheid maken tussen een bedoeling en een feitelijke daad. Ze kijken alleen naar het resultaat. 'Per ongeluk' een tik krijgen bestaat dus niet en daarom wordt de dader onmiddellijk volgens snelrecht bestraft.
- Rond vijf, zes en zeven jaar. Kinderen worden vrij starre moralisten. Ze houden zich aan de letter van de wet, maken geen uitzonderingen. Sommige onderzoekers menen dat kinderen dit vooral doen om zichzelf op die manier strak in de hand te houden.
- Rond acht jaar. Het kind is in staat om te liegen en te bedriegen, en de verleiding daartoe kan soms grote vormen aannemen. Het kind wordt zich rond deze tijd van zichzelf bewust, en ervaart zichzelf als een zelfstandig denkend individu.

Er zijn kinderen met een 'te zwak' geweten. Dit kan bijvoorbeeld komen door een bepaalde – meestal erg inconsequente – manier van opvoeden, of doordat de ouders elk conflict met hun kinderen uit de weg zijn gegaan (het kind mag simpelweg alles, en krijgt dus nooit straf). Aan de andere kant zijn er ook kinderen met een 'te streng' geweten, bijvoorbeeld als gevolg van de al te hoge eisen die de ouders aan het kind stelden, of door de buitenproportionele verwijten die ze van ouders te horen kregen bij de minste of geringste overtreding. Zeer terecht wijst Kohnstamm erop dat kinderen met een te zwak geweten een last zijn voor hun omgeving (en ze raken nogal eens op het verkeerde pad). Kinderen met een te streng geweten zijn echter een last voor zichzelf (en komen nogal eens bij de psycholoog terecht, omdat ze vaak een erg negatief zelfbeeld hebben).

Op basis van deze kennis volgt nu de eigenlijke praktijk van de opvoeding en de problemen die zich daarbij kunnen voordoen. In tabel 2.1 zijn de twaalf irrationele ideeën vertaald naar het terrein van de opvoeding.

TABEL 2.1 • DE TWAALF IRRATIONELE IDEEËN EN HUN VERTALING NAAR DE OPVOEDINGSPRAKTIJK

irrationeel idee	uitspraak	opvoedingspraktijk
1	Het is voor mij absoluut noodzakelijk dat ik door iedereen aardig wordt gevonden.	Mijn kinderen moeten mij altijd lief en aardig vinden.
2	Ik mag geen enkele fout maken, anders ben ik een waardeloos figuur.	Ik mag als opvoeder nooit de plank misslaan, anders ben ik een waardeloze ouder.
3	Sommige mensen zijn slecht en ze zouden daarvoor gestraft moeten worden.	Sommige kinderen zijn slecht en gemeen, en moeten daarvoor gestraft worden.
4	Ik kan er absoluut niet tegen als dingen anders gaan dan ik wil.	De opvoeding van mijn kinderen moet precies volgens mijn plan verlopen, anders word ik gek.
5	Het ligt in principe nooit aan mij als er dingen misgaan. Ik kan er niets aan doen.	Als de opvoeding van mijn kinderen misloopt, dan komt dat door factoren buiten mij.
6	Ik moet altijd tot het uiterste bedacht zijn op allerlei soorten narigheid.	Ik moet erop bedacht zijn dat er van alles kan misgaan met mijn kinderen.
7	Ik moet koste wat kost alle verantwoordelijkheden en moeilijkheden uit de weg gaan. Als ik niets doe, doe ik ook niets fout.	Ik laat de opvoeding van mijn kinderen het liefst aan anderen (de school!) over, dan doe ik ook niks fout.
8	Ik ben volledig afhankelijk van anderen. In m'n eentje stel ik niets voor, kan ik niets.	Ik ben totaal niet in staat mijn kinderen zelf op te voeden. Ik moet daarbij alle mogelijke hulp hebben.
9	Mijn leven wordt grotendeels bepaald door mijn verleden.	Ik kan mijn kinderen alleen maar opvoeden zoals ik zelf ben opgevoed; er is geen andere manier.
10	Ik moet me de moeilijkheden van anderen altijd zoveel mogelijk aantrekken.	Ik moet altijd maximaal voelen wat mijn kinderen voelen, anders ben ik geen goede opvoeder.
11	Ik moet voor elk probleem de perfecte oplossing zien te vinden.	Ik moet voor elk probleem in de opvoeding de perfecte oplossing vinden.
12	Ik kan niet leven met onzekerheden.	Ik wil volledige controle over het leven van mijn kind. Ik moet alles weten, alles controleren.

In tabel 2.1 is te zien dat elk irrationeel idee (iB) zich moeiteloos laat omzetten naar de praktijk van de opvoeding. De hier gegeven 'omzettingen' zijn uiteraard bedoeld als voorbeelden, het staat de lezer vrij variaties op een thema te maken. We zullen in het navolgende zien dat veel problematische opvoedingssituaties het resultaat zijn van één of meer achterliggende iB's. Zoals we ook zullen zien dat een groot aantal van de problemen verminderd, dan wel opgelost kunnen worden door gebruik te maken van de rationele alternatieven.

....

2.3 • HUILBABY'S

Mary en John hebben eindelijk hun eerste kind. Na drie jaar is het zover en wordt Saskia geboren. Een wolk van een baby, zoals dat heet, en naar het zich laat aanzien kerngezond. Er is echter één probleem, Saskia huilt nogal veel. 'Gaat vanzelf over,' zegt de kraamhulp. 'Dat is allemaal heel normaal.' Sterker nog: ze zouden meer reden tot zorg hebben als het kind niet zou huilen. Dat kan dan wel zo zijn, denkt Mary, maar ik vind dat Saskia toch wel heel erg veel huilt. Moeder en de vriendinnen worden geconsulteerd en eigenlijk zegt iedereen hetzelfde: wacht maar even af, het trekt wel bij. Maar het trekt niet bij: Saskia huilt overdag en 's nachts, uren achter elkaar, en Mary wordt steeds banger en radelozer. Bang omdat ze denkt dat er iets niet goed is met de baby, radeloos omdat ze er niet in slaagt een manier te vinden om de baby rustig te krijgen. Ook John valt het op dat de baby veel huilt, maar hij heeft daar niet zo'n last van, zegt hij. Overdag is hij er niet en 's nachts slaapt hij als een os. Hij is altijd een goeie slaper geweest. Na verloop van enkele maanden ziet Mary eruit als een lijk: wallen onder de ogen, bleek, bloeddoorlopen ogen en ze is vier kilo afgevallen. Haar omgeving (John, vriendinnen, moeder) begint zich nu toch ook wat ongerust te voelen en dat wordt ook tegen Mary gezegd. Mary gaat zich daardoor alleen maar meer een slechte moeder voelen. Waarom moet haar dat nu juist overkomen? Een kind dat alleen maar huilt, schijnbaar zonder enige reden. Want noch op het consultatiebureau, noch bij de dokter kunnen ze iets vinden. De angst en de onrust blijven toenemen. Mary raakt volkomen uitgeput. Ze probeert haar baby te troosten, maar dat is moeilijk als je niet weet wat er aan de hand is. Ook probeert ze zelf zoveel mogelijk rustig te zijn en regelmaat in de verzorging van het kind aan te houden. En ook dat valt niet mee als je inmiddels compleet uitgeput en opgefokt bent.

....

Naar schatting vijftien procent van de baby's in Nederland is aan te merken als een 'huilbaby'. Dit wil zeggen dat er in Nederland tussen de twintig- en dertigduizend baby's zijn die extreem huilgedrag vertonen. Met extreem huilgedrag wordt hier bedoeld: minimaal gedurende drie weken, drie dagen per week, drie uur per dag huilen. Normaal gesproken huilt een baby ongeveer anderhalf uur per dag. De term 'huilbaby' is overigens ongelukkig gekozen, omdat dit woord inmiddels een erg nare bijklank heeft gekregen. Liever spreekt men tegenwoordig dan ook van een prikkelbare baby.
Elke baby huilt. En de belangrijkste reden voor een baby om te huilen is doodgewone honger. Toch kunnen er ook andere redenen zijn om te huilen en in een groot aantal gevallen valt die reden niet zomaar te achterhalen. Dat is op zich al erg frustrerend natuurlijk: heeft het kind pijn, slaap, ligt het niet goed?
Het is een bekend – zelfs berucht – verschijnsel dat ouders helemaal op tilt kunnen gaan wanneer hun eigen kind huilt. Het gehuil van andermans kinderen is hooguit lastig en storend, maar het gehuil van een eigen kind geeft onrust. Deze onrust kan de ouders volkomen uitputten, waardoor ze op een verkeerde manier op het huilen van hun baby gaan reageren. Helaas zijn er in dit verband heel ernstige voorbeelden

van ouders die hun kind iets hebben aangedaan.

Bij een rondgang door de literatuur, de relevante internetsites en andere bronnen tref je eigenlijk steeds dezelfde, veelal overigens nuttige, informatie aan wanneer je te maken hebt met een baby die abnormaal veel huilt, bijvoorbeeld dat:

- je allerlei fysieke oorzaken van het huilen moet uitsluiten: niet zelden bleken baby's die veel huilen toch ziek te zijn, of anderszins iets lichamelijks te mankeren;
- je zoveel mogelijk moet zorgen voor troost, rust en regelmaat voor de baby;
- je het kind kunt inbakeren: tegenwoordig wordt dat weer gepropageerd als een middel om huilende baby's rustig te krijgen;
- je met je eventuele partner kunt praten over gevoelens van onmacht, agressie en uitputting;
- je een dagboek kunt bijhouden om feitelijk inzicht te krijgen in het huilgedrag van de baby;
- de meeste baby's met extreem huilgedrag er na drie tot zes maanden vanzelf overheen groeien;
- osteopathie (een vorm van manuele geneeskunde) goed kan werken;
- er sprake kan zijn van een vicieuze cirkel: het vele huilen put de baby uit waardoor het overmatig prikkelbaar wordt, met als gevolg dat het sneller gaat huilen;
- één op de twintig ouders wel eens iets doet wat schadelijk kan zijn voor het kind: het kind schudden, slaan, en proberen het letterlijk de mond te snoeren met een handdoek. Gevallen van nog zwaardere kindermishandeling zijn helaas maar al te bekend.

Deze nuttige informatie zal zeker soms tot het gewenste resultaat leiden: een rustiger kind dat minder huilt. Toch geldt in geval van omgaan met een extreem huilende baby dat 'denken makkelijker is dan doen'. Vaak zijn de opvoeders zo uitgeput, opgefokt en wanhopig, dat ze wel weten dat ze het allemaal anders zouden moeten doen, maar er gewoonweg niet meer toe in staat zijn. Om deze uitputtingstoestand vóór te zijn, kan het heel nuttig zijn om gebruik te maken van de methode van de RET. De A van de aanleiding is duidelijk: het huilen van de baby. De C ook: allerlei minder prettige emoties, zoals totale uitputting, wanhoop en soms zelfs woede. Waar het echter vooral om gaat, is dat je erachter komt welke iB's daarvoor verantwoordelijk zijn.

iB's bij het omgaan met een extreem veel huilende baby

Bij het omgaan met een extreem huilende baby zijn de volgende iB's mogelijk:
- Een huilend kind is het bewijs dat ik als opvoeder niet deug (iB 2).
- Mijn kind hoort zich altijd voorbeeldig te gedragen, anders verdient het straf (iB 3).
- Dit kind is vast heel erg ziek, of bezig heel erg ziek te worden (iB 6).
- Ik ben niet in staat om te gaan met een extreem huilende baby, er moet hulp komen (iB 8).

In het voorbeeld is te zien dat vrijwel alle iB's in meerdere of mindere mate een rol kunnen spelen. Ga dus voor jezelf na welke iB's voor jou het meest opgaan. Ook hier kan het weer helpen de zelftest (zie hoofdstuk 3) in te vullen, zodat je meer zicht krijgt op je 'vatbaarheid' voor bepaalde iB's.

Ga voor jezelf na of, en zo ja, in welke mate je gedrag gestuurd wordt door deze (of andere) irrationele uitgangspunten. Vervolgens gaat het erom dat je deze irrationele gedachten en uitgangspunten vervangt door rationele alternatieven. Neem hiervoor de hieronder uitgewerkte iB's als voorbeeld.

Het is invoelbaar dat een huilend kind een aanslag vormt op je zelfvertrouwen. De meeste ouders en opvoeders zijn namelijk geneigd zichzelf de schuld te geven als er iets niet helemaal volgens plan verloopt, en dat heeft vaak alles te maken met de opvoeding die ze zelf hebben gekregen. In veel gezinnen werd en wordt namelijk nog steeds kwistig gebruik gemaakt van berispingen, verwijten en beschuldigingen. Als je echter nuchter en objectief over de zaak nadenkt, kom je al gauw tot de conclusie dat het huilen van een kind op zich nog helemaal niets wil zeggen over je opvoedkunst of -kunde. Ervan uitgaande natuurlijk dat je je kind niet op een rare manier behandelt, dan wel mishandelt. Baby's kunnen huilen door oorzaken die niets met de opvoeding hebben uit te staan. Ze kunnen pijn hebben, oververmoeid zijn of een slaaptekort hebben, om maar wat veel voorkomende oorzaken te noemen. Jezelf zomaar, op basis van je gevoel, de schuld geven is irrationeel.

> Een huilend kind is het bewijs dat ik als opvoeder niet deug.

Veel rationeler is het om in het geval van een extreem huilend kind eerst te proberen de oorzaak van het huilen te achterhalen. Ga met het kind naar de dokter, laat er deskundigen naar kijken. Praat met anderen over het probleem en wissel ervaringen uit. Gevoelens van schuld en schaamte horen daar niet bij thuis: je hebt een probleem en je stelt alles in het werk om het te verhelpen. Meer kan een mens niet doen. Punt uit.

Van de gemiddelde ouder is bekend dat hij trots wil zijn op z'n kind, dus moet het kind zich in zoveel mogelijk opzichten als het perfecte kind gedragen. Het moet lief lachen, goed slapen en als het even kan niet te veel huilen want papa en mama zijn al zo moe. Extreem huilen past niet in dit rijtje. Er zijn dan ook nogal wat ouders die tegen beter weten in boos worden op hun kind. Ze lijken er onbewust van uit te gaan dat het huilgedrag van het kind een persoonlijke aanval op hen als ouders betekent. Voor hun gevoel lijkt het soms alsof er zich een ware machtsstrijd afspeelt tussen hen en het kind. Wat natuurlijk een volstrekt irrationele manier van redeneren is, want pasgeboren baby's denken helemaal niet. Een eigen 'ikje' – en de eerste tekenen van een eigen willetje – kun je namelijk pas vanaf het tweede jaar verwachten. Vóór die tijd reageert een kind eigenlijk alleen maar vanuit biologische behoeften als eten, drinken en warmte.

> Mijn kind hoort zich altijd voorbeeldig te gedragen, anders verdient het straf.

Veel rationeler is het dan ook om ervan uit te gaan dat geen enkel kind perfect is. Sterker nog: is het dat wel, dan is er óf iets mis met het kind óf met (de waarneming van) de ouders. Perfectie bestaat alleen als ideaal, nooit als realiteit. Dit betekent ook dat straffen helemaal uit den boze is. Het kind heeft er op deze leeftijd namelijk geen enkel idee van wat het 'fout' doet. Het zou alleen maar meer overstuur raken als het op welke manier dan ook bestraft zou worden omdat het te veel huilt. Vergeet niet dat 'goed' en 'slecht' op deze prille leeftijd nog lang niet bestaan!

Overbezorgdheid is een veel voorkomend verschijnsel, vooral bij jonge ouders. De grote narigheid is dat je altijd wel wat abnormaals aan je kind kunt ontdekken: ademt het niet te zwaar of juist te licht, eet het wel genoeg, is die huidkleur wel in orde of zie je daar

> Dit kind is vast heel erg ziek, of bezig heel erg ziek te worden.

toch een blauwachtige weerschijn, was dat een spierkramp of het begin van een stuip?
Vooral bij het eerste kind, de eerste baby, lijken veel ouders ernstig overbezorgd. Ze staan 's nachts verschillende keren op om te kijken of alles

nog wel in orde is, ze raken in paniek als ze weer over een geval van wiegendood horen. Allemaal begrijpelijk, maar wel irrationeel. Het leven van alle betrokkenen wordt er niet vrolijker op.

Veel rationeler zou het dan ook zijn om het hoofd koel te houden, te vertrouwen op de natuurlijke gang van zaken en bijvoorbeeld de mening van de huisarts. Baby's gaan namelijk niet zomaar dood, ze hebben als het goed is een flinke natuurlijke weerstand opgebouwd. Geef je niet over aan allerlei controleachtige activiteiten, want dan is binnen de kortste keren het eind zoek. Neem in geval van twijfel contact op met iemand die weet hoe pasgeboren baby's zich kunnen gedragen en vertrouw op zijn of haar oordeel. Zoals we hiervoor al zagen kan het huilen van een baby door een heleboel, op zich volstrekt ongevaarlijke, oorzaken komen.

Natuurlijk is het soms allemaal best beangstigend en eng om verantwoordelijk te zijn voor een pasgeboren baby. Je kunt wel allemaal boeken en tijdschriften lezen, cursussen volgen en relevante televisieprogramma's bekijken, maar als puntje bij paaltje komt sta je er toch alleen voor. Bovendien loop je ook nog eens het risico door al die informatie nóg onzekerder te worden dan je misschien al bent. Als je toegeeft aan dergelijke gevoelens van onzekerheid en hulpeloosheid durf je al heel snel niets meer zelfstandig te doen. De neiging om je moeder, vriendinnen of buurvrouwen te hulp te roepen, zal steeds sterker worden.

> Ik ben niet in staat om te gaan met een extreem huilende baby, er moet hulp komen.

Veel rationeler is het dan ook je zelfvertrouwen stap voor stap op te bouwen. Je kunt dat doen door niet bij het minste of geringste probleempje de hulp van anderen in te roepen, maar door zelf eerst een plan van aanpak op te zetten en dit te bespreken met mensen die ervaring hebben met het omgaan met pasgeboren baby's. Je zult zien dat je met een dosis gezond verstand een heel eind komt. Kijk ook eens op de diverse sites op het internet. Dan blijkt algauw dat je in verreweg de meeste gevallen absoluut niet de enige bent die zich nodeloos bang en hulpeloos voelt. Veel ouders van extreem huilende baby's maken hetzelfde door als jij (of jullie). Als je jouw verhaal vergelijkt met dat van hen, dan doe je het zo gek nog niet.

Voor meer informatie kun je kijken op www.ouders.nl en www.huilbaby.info.

2.4 • LASTIGE PEUTERS

Jantje van tweeënhalf jaar is meestal een lief jongetje. Vooral als hij zijn zin krijgt. Is dat echter niet het geval, dan valt er geen land met hem te bezeilen. Hij gaat op de grond liggen krijsen en weigert elke vorm van medewerking. Hij kan dat heel lang volhouden, waarbij hij zijn ouders tot wanhoop drijft. Hij eet niet meer, zegt op alles 'nee' en lijkt uit te zijn op een totale oorlog. Hij kalmeert pas weer wanneer zijn ouders hem tegemoetkomen in zijn eisen (om een bepaald speelgoed, een bepaald soort eten, zelfs een bepaald soort muziekje). De ouders van Jantje weten met de situatie niet goed raad. Voor een deel wordt dat veroorzaakt doordat ze het niet met elkaar eens zijn over de te volgen strategie. Vader, Jan senior, vindt namelijk dat ze hun kleine dwingeland duidelijk moeten maken wie er de baas is in huis. Anders zal Jantje opgroeien tot een anarchistisch monster met geen enkel respect voor God noch gebod. Moeder Ellen is wat milder. Zij wil proberen om via de weg van het overleg Jantje in voorkomende gevallen tot andere, meer coöperatieve gedachten te brengen. Het is duidelijk dat alle ingrediënten aanwezig zijn voor een voortdurende en constante spanning binnen het gezin.

Zo rond het tweede levensjaar ontstaat er bij jonge kinderen – peuters – zoiets als een eigen persoonlijkheid. Voor die tijd is dat nauwelijks merkbaar, omdat jongere kinderen eigenlijk alleen bezig zijn met de bevrediging van hun primaire behoeften aan eten en drinken. Volgens Sigmund Freud (1856-1939), de grondlegger van de psychoanalytische theorie, ontwikkelen kinderen in deze periode een eerste vorm van zelfbewustzijn. We merken dat aan het feit dat kinderen in deze tijd voor het eerst het woordje 'ik' gaan gebruiken. Ook kunnen we zien dat kinderen zich in deze leeftijdsfase gaan afzetten tegen hun ouders en/of opvoeders. Ze doen niet zomaar wat papa en mama zeggen. Als ze ergens geen zin in hebben, laten ze dat op een heel duidelijke manier merken.
Een van de meest voorkomende conflicten tussen ouders en kind in deze periode is de zindelijkheidstraining, omdat wij het in onze cultuur wel zo gepast vinden dat ons kind dan leert zijn behoeften te doen op

door ons uitgekozen tijdstippen en plaatsen (potje of wc). Peuters denken daar vaak heel anders over, zeker in het begin. Deze eerste machtsstrijd kan schrikbarende vormen aannemen, vaak met verstrekkende gevolgen voor het kind. Voor ouders is het vaak lastig om op een pedagogisch verantwoorde manier met dit conflict om te gaan. Te veel dwang (urenlang op het potje laten zitten) is schadelijk. Maar het kind zomaar z'n gang laten gaan lijkt ook niet wenselijk; er zijn gevallen bekend van 'luierende' kinderen van vier jaar. Een teveel aan dwang en een tekort aan sturing kan leiden tot een zogenaamde fixatie in de ontwikkeling. Fixatie wil zeggen dat een kind blijft steken in zijn ontwikkeling. Bij te veel dwang durft het kind niet verder te gaan in zijn ontwikkeling. Bij te veel vrijheid heeft het kind totaal geen zin om zich verder te ontwikkelen, het zit immers heel prima waar het zit. Geen geringe opgave dus voor ouders om hier een juiste koers te varen. En geen wonder dat eventuele latere problemen met de persoonlijkheid tot deze periode zijn terug te voeren. Tja, hoe moet je omgaan met een dwarse peuter? Hoe kun je ervoor zorgen dat de persoonlijkheid van je kind zich op een verantwoorde manier kan ontplooien?

Deze vragen laten zich uiteraard niet zo gemakkelijk beantwoorden. Een algemeen geldende aanpak valt er ook niet te geven aangezien elk kind en elke gezinssituatie anders is. Wel is duidelijk dat je ervoor op moet passen je kind op een onredelijke, irrationele manier te straffen. Een onredelijke manier van straffen kan grote gevolgen hebben voor de persoonlijkheidsontwikkeling en de sociale ontwikkeling van een kind.

Straf is een verschijnsel dat alleen maar bestaat bij gebrek aan beter, ik zei dat hiervoor al. Talloze psychologische onderzoeken hebben overtuigend aangetoond dat het straffen van een kind alleen maar leidt tot het onderdrukken van een bepaald gedrag. De neiging om dat gedrag te vertonen wordt in veel gevallen dan ook alleen maar sterker. Zodra de bestraffende instantie (vader, moeder, juf of meester) er niet meer is, heb je de poppen aan het dansen.

Straf heeft ook als groot nadeel dat je een kind weliswaar leert wat het niet moet doen, maar niet wat het wél moet doen. Dus als je er al toe overgaat je kind te straffen, zul je altijd moeten aangeven wat het ongewenste gedrag was en wat het gewenste alternatief is. Als je een kind straft, zul je altijd in je achterhoofd moeten houden hoever het kind is in zijn morele ontwikkeling. Het heeft bijvoorbeeld geen enkele zin een kind van drie jaar uit te leggen dat het zich moet verplaatsen in de gevoelens van de kanarie die het zojuist heeft doodgeknepen, want kinde-

ren van die leeftijd zijn nog helemaal niet toe aan empathische gevoelens (zie ook de paragraaf over morele ontwikkeling hierboven).
Sommige onderzoekers wijzen erop dat het veel beter is bepaald ongewenst gedrag te negeren in plaats van te bestraffen. In veel gevallen kan dit goed zijn, maar als het kind gedrag vertoont dat gevaarlijk is voor zichzelf en/of anderen, kun je niet volstaan met negeren en moet je ingrijpen. Vanuit de psychoanalytische hoek wordt erop gewezen dat een teveel aan straf een nadelig gevolg kan hebben op de ontwikkeling van het geweten. Kinderen hebben in dat geval alleen maar geleerd dat ze straf krijgen als ze zich op een bepaalde manier gedragen. Ze hebben niet geleerd dat die gedragingen bijvoorbeeld hinderlijk zijn voor anderen.
Het veiligst lijkt het in de meeste gevallen om een kind eerst uit te leggen waarom een bepaald gedrag niet gewenst is. Indien dit niets uithaalt, zou je je toevlucht kunnen nemen tot een vorm van straf.

Het soort straf is natuurlijk ook van belang. Lijfstraffen staan tegenwoordig weer met grote regelmaat ter discussie. De meningen daarover zijn zeer verdeeld. Een tik op het achterwerk lijkt niet zoveel kwaad te kunnen. Een tik op het hoofd is een heel andere kwestie en bovendien nog gevaarlijk ook. Als je fysiek geweld gebruikt (want dat is het uitdelen van een tik), leg ook dit dan uit aan het kind: ik heb je uitgelegd wat er aan de hand is, je wilde niet luisteren, ik heb je gezegd dat je een tik zou krijgen als je niet zou luisteren, enzovoort. Van belang bij dit alles is dat je een kind niet vernedert. De psychische schade van een tik is vaak namelijk veel groter dan de fysieke! Vandaar dat pedagogen en psychologen adviseren om straf te geven in de vorm van een onthouding. Een effectieve vorm van straf is die waarbij een kind iets niet mag doen wat het juist zo graag doet. Zorg er in alle gevallen voor dat je manier van straffen uitermate consequent is. Een bepaald gedrag de ene keer wel en de andere keer niet bestraffen, leidt tot grote onzekerheid en onrust bij het kind. Tot slot: als het goed is doet het straffen van je kind jezelf meer pijn dan het kind. Zo gauw je merkt dat je bij het straffen een bepaalde voldoening voelt, is er iets mis.

iB's BIJ HET OMGAAN MET LASTIGE PEUTERS

Bij het omgaan met lastige peuters zijn de volgende iB's mogelijk:
– Mijn kind moet doen wat ik zeg, want ik ben de baas (iB 4).
– Dit kind is niet normaal, het krijgt vast ADHD of iets dergelijks (iB 6).
– Dit nare kind gaat opgroeien voor galg en rad, tenzij het stevig gestraft wordt (iB 3).
– Dit kind moet zo snel mogelijk de jeugdhulpverlening in (iB 8).

Ga voor jezelf na of, en zo ja, in welke mate je gedrag gestuurd wordt door deze (of soortgelijke) irrationele uitgangspunten. Vervolgens gaat het erom dat je deze irrationele gedachten en uitgangspunten vervangt door rationele alternatieven. Neem hiervoor de hieronder uitgewerkte iB's als voorbeeld.

Het verschijnsel macht komt heel dicht in de buurt van het verschijnsel straf, want alleen iemand die de macht heeft kan straffen. Macht wordt over het algemeen gedefinieerd als het vermogen van de één om het gedrag van een ander te beïnvloeden en/of te controleren. Het is dus duidelijk dat ouders veel macht kunnen uitoefenen over hun kind. Zoals ook duidelijk zal zijn dat je als ouder/opvoeder deze macht kunt misbruiken, met alle gevolgen van dien. In dat geval spreken we dan ook van dwangmacht. De gedachte: mijn kind moet doen wat ik zeg, want ik ben de baas, lijkt gebaseerd te zijn op deze vorm van macht, de dwangmacht. Hierbij geldt eigen-

> Mijn kind moet doen wat ik zeg, want ik ben de baas.

lijk alleen het recht van de sterkste en dat is in geval van de opvoeding meestal geen gewenste situatie. Je kleineert een kind op die manier, je loopt het risico je kind het gevoel te geven dat het tot niets in staat is en ook nooit tot iets in staat zal zijn.

Er zijn echter ook onschadelijke, veel rationelere vormen van macht die je bij de opvoeding heel goed kunt benutten. Ouders kunnen namelijk ook voorbeeldmacht uitoefenen over hun kinderen door middel van het ten voorbeeld stellen van het eigen gedrag. Daar is niets mis mee, aangenomen dat het om min of meer sociaal geaccepteerde gedragingen gaat. Er is ook de beloningsmacht om als ouders het gedrag van het kind in de gewenste richting te sturen. Ga voor jezelf eens na welke vorm van macht je het meest gebruikt.

Er kan op vele manieren iets fout gaan in de persoonlijkheidsontwikkeling van een kind, maar het is verbazingwekkend hoe vaak het allemaal goed komt. Natuurlijk kan een dwarse peuter zijn ouders met zijn gedrag helemaal doldraaien, maar allerlei lastige gedragingen hoeven niet direct voorboden te zijn van toekomstige psychische aandoeningen. Zo eenvoudig ligt die relatie niet. Ouders die 'het allemaal in de wieg al zagen aankomen' strooien bakerpraatjes rond. Een peuter kan een heel moeilijke periode doormaken, maar daar vervolgens volstrekt 'normaal' uitkomen.

> Dit kind is niet normaal, het heeft of krijgt vast ADHD of iets dergelijks.

Een voorkomend fenomeen is de self-fulfilling prophecy. Een ouder die zich steeds erg drukt maakt om de psychische gezondheid van het kind, kan op een verkrampte manier gaan opvoeden en daarmee juist ervoor zorgen dat het kind zich op een erg verkrampte manier gaat ontwikkelen. Hoe raar het misschien ook klinkt, er schuilt geen kwaad in het kind de ruimte te gunnen om lastig en dwars te zijn. Zolang er geen doden vallen, is de schade te overzien. Verhalen over ADHD, PDD-nos, autisme en aanverwante stoornissen moeten met de nodige scepsis bekeken worden. De laatste tien jaar worden de diagnoses steeds ruimer gedefinieerd, waardoor bijna elk kind wel aan de een of andere stoornis zou lijden. Kinderen zijn niet zo gauw gek. Ik ga daar in de volgende paragraaf nader op in.

Ook tegen deze irrationele gedachte vallen de nodige rationele bezwaren in te brengen. Op de eerste plaats zijn peuters geen nare kinderen, maar hooguit kinderen die soms naar gedrag vertonen. Over het straffen als opvoedkundige methode hebben we het al uitgebreid gehad: dat werkt dus niet. Straf leert kinderen wat ze niet moeten doen en niet wat ze wel moeten doen. Bovendien kan het kind dan allerlei ongewenste gedragingen stiekem gaan vertonen. Ook hier past de opmerking dat het niet mogelijk is om later gedrag te voorspellen op grond van de gedragingen als kind.

> Dit nare kind gaat opgroeien voor galg en rad, tenzij het stevig gestraft wordt.

Veel rationeler is het dan ook om het kind zoveel mogelijk uit te leggen welke gedragingen ongewenst zijn en waarom. Vraag bijvoorbeeld hoe ze het zelf zouden vinden als iemand zich tegenover hen onaardig zou gedragen. Zo'n vraag brengt het kind in veel gevallen tot andere gedachten, ook al is het uit eigenbelang.

Het is goed voorzichtig te zijn met het overdragen van een kind aan de (jeugd)hulpverlening. De laatste jaren lijkt het een gebruik van bepaalde groepen hulpverleners om psychische aandoeningen bij kinderen aan te dikken, dan wel steeds andere aandoeningen te 'ontdekken'. De meeste diagnoses zijn inmiddels erg ruim geworden en daardoor vaak nietszeggend. Wat vroeger een 'druk', 'speels' kind heette, is nu ADHD. Wat voorheen een 'stil' kind was, is nu autisme. De bijdehandjes van toen lijken nu Asperger. Natuurlijk verdienen excessief drukke kinderen en excessief stille, teruggetrokken kinderen extra aandacht, maar weet wel maat te houden. Een stempel is makkelijk gedrukt, maar gaat in veel gevallen een heel leven lang mee.

> Dit kind moet zo snel mogelijk de jeugdhulpverlening in.

Veel rationeler is het dan ook om eerst eens rustig de natuur en de tijd hun werk te laten doen. In verreweg de meeste gevallen zal blijken dat het kind een bepaalde groeifase aan het doorlopen is, wat voor de nodige onrust en dwarsigheid zorgt. Lees over de leeftijdsfase waarin het kind verkeert en praat erover met 'lotgenoten'. Je zult (opnieuw) zien dat het kind zo gek nog niet is.

2.5 • ONTWIKKELINGSSTOORNISSEN EN GEDRAGSSTOORNISSEN: AUTISME, ADHD EN PDD-NOS

De kleine Bart is altijd al een – wat je noemt – moeilijk manneke geweest: hij wilde niet eten, hij wilde niet slapen, hij wilde niet drinken, hij wilde gewoon alleen maar zijn eigen gang gaan. De problemen werden groter (duidelijker) toen hij eenmaal op de basisschool zat. Daar bleek hij zich erg moeilijk te kunnen concentreren op zijn werkjes, hij was door het minste of geringste afgeleid, en hij vertoonde bijzonder impulsief gedrag. Hij klom overal op, en donderde overal vanaf, zonder dat de schaafwonden en schrammen hem leken te deren. Hij rende de klas door, was niet te stuiten op de speelplaats. Als hem letterlijk of figuurlijk iets in de weg werd gelegd, kon hij verschrikkelijk boos worden. Zo boos zelfs, dat leerkrachten en medeleerlingen bang van hem werden. Maar ook zonder enige duidelijke aanleiding kon hij een hevige driftbui krijgen. De leerkrachten moesten na verloop van tijd toegeven dat ze hem niet de baas konden. Opvallend zijn daarbij verder nog twee zaken: Bart lijkt niet te corrigeren en hij lijkt zelf nergens last van te hebben. De leerkrachten, de ouders en de medeleerlingen dus des te meer...

Een typisch geval van ADHD zou je kunnen zeggen, want Bart vertoont problematisch gedrag dat vooral gekenmerkt wordt door een aandachtstekortstoornis, gecombineerd met hyperactiviteit. Een forse diagnose, waarover zeer verschillend wordt gedacht. Aan de ene kant de voorstanders ervan die ervan uitgaan dat er een kwalitatief verschil bestaat tussen 'gewone' hyperactiviteit en 'echte' ADHD. Bij normale hyperactiviteit is het gedrag van het kind min of meer doelgericht, een doelgerichtheid die bij ADHD ver te zoeken is. Ook zou je bij kinderen met ADHD meer stemmingsstoornissen zien, meer angsten en meer problemen in de omgang met anderen. Aan de andere kant de tegenstanders van deze en soortgelijke diagnoses, die vinden dat je een kind op die manier alleen maar in een psychiatrisch hokje stopt, een hokje waar het zijn leven lang niet meer uitkomt.

Hoe het ook zij, in de voorafgaande paragrafen heb ik er al op gewezen dat de diagnose ADHD de laatste jaren steeds vaker wordt gesteld. Dit kan twee dingen betekenen: of we zien het nu beter, en daardoor vaker, of we laten ons in de luren leggen door ouders en instanties die er alleen maar baat bij hebben dat een kind deze diagnose krijgt opgeplakt. Denk daarbij aan de farmaceutische industrie die vreselijk veel geld verdient aan een middel als Ritalin (nota bene een soort speed), en aan de ouders die nu eindelijk een allesomvattende verklaring hebben voor het moeilijke gedrag van hun kind ('Zie je wel, het ligt niet aan ons...'). Ik denk dat het niet goed mogelijk is om een algemeen geldende uitspraak te doen over welk kamp nu precies gelijk heeft, maar dat je desondanks voorzichtig moet zijn met dergelijke diagnoses: ze kunnen enorme consequenties hebben. Nog even over soortgelijke diagnoses: autisme en aan autisme verwante stoornissen lijken ook steeds meer voor te komen, evenals het erg vage PDD-nos. Vroeger sprak je van autisme als een kind op geen enkele manier contact kon (wilde?) maken met de omgeving en alleen maar naar het plafond leek te staren. Een autistisch kind raakt totaal overstuur van elke vorm van verandering in zijn omgeving en lijkt bepaalde bewegingen eindeloos en doelloos te herhalen. Een vrij duidelijke zaak dus. Die duidelijkheid is er tegenwoordig niet meer: we spraken van autistiform gedrag, van aan autisme verwante stoornissen, en van stoornissen in het autistisch spectrum. Een kind dat dus wat moeilijker contacten legt met andere kinderen, en dat bovendien slecht tegen veranderende omstandigheden kan, laadt al snel de verdenking van een vorm van autisme op zich. De oprekking van deze diagnose heeft ertoe geleid dat we eigenlijk niet goed meer weten waar we het over hebben als we over autisme spreken. Elk meer dan gemiddeld introvert kind loopt tegenwoordig het risico zo'n etiket opgeplakt te krijgen.

En dan hebben we natuurlijk ook nog de diagnose PDD-nos. 'Nos' staat in het Engels voor 'not otherwise specified', wat in deze context wil zeggen dat er 'iets' is met het kind, maar niemand weet wat. Tot slot noem ik hier ook nog de oppositioneel-opstandige gedragsstoornis die gebruikt wordt bij kinderen die een uitgesproken negativistisch en opstandig gedrag vertonen, maar die de grens van criminaliteit niet overschrijden. Het gaat om kinderen die opzettelijk irriteren, die snel boos worden en die een bloedhekel lijken te hebben aan elke vorm van autoriteit. Vroeger zouden we zo'n kind een klier noemen.

De vraag is natuurlijk wat we met al deze wijsheid aan moeten. Geloof je erin of niet? Ben je eerlijk tegenover jezelf en je kind als je er wél in gelooft, of naïef als je dat niet doet? Ik moet opnieuw het antwoord op deze vraag schuldig blijven en kan alleen maar zeggen dat je erg voorzichtig moet zijn. Bekijk geval per geval, incident per incident.

IB'S BIJ HET OMGAAN MET GEDRAGSPROBLEMEN

We zagen zojuist dat de meningen over het bestaansrecht van diagnoses als ADHD, PDD-nos, stoornis in het autistisch spectrum en dergelijke uiteenlopen. Datzelfde geldt voor de meest effectieve aanpak van de verschillende gedragsproblemen bij kinderen. In Amerika maakt men veel gebruik van een vorm van farmacotherapie, ik noemde al Ritalin bij ADHD. Ook worden in veel gevallen antidepressiva voorgeschreven, ondanks het feit dat er nog veel te weinig onderzoek is gedaan naar de langetermijneffecten van dergelijke middelen. Gevaren zijn niet uit te sluiten. Zo zijn er bijvoorbeeld aanwijzingen dat antidepressiva het risico op suïcidaal gedrag bij kinderen en adolescenten verhoogt.

Critici van deze manier van behandelen wijzen er bovendien op dat eventuele gezinsproblemen door een medicamenteuze aanpak worden verdoezeld, waardoor de werkelijke problematiek niet wordt aangeraakt. En wil je op een effectieve manier omgaan met problematisch gedrag van je kind, dan zul je toch echt eerst zicht moeten hebben op de oorzaak. Door er zonder meer van uit te gaan dat dit gedrag veroorzaakt wordt door genetische of erfelijke factoren, loop je uiteraard het risico om de werkelijke problematiek over het hoofd te zien. Misschien doen we er goed aan op een heel andere manier tegen het problematische gedrag van het kind aan te kijken. Neem een kind met 'typisch' ADHD-gedrag: altijd druk, snel afgeleid, snel geïrriteerd enzovoort. Erfelijk gedrag? Mogelijk. Aangeleerd gedrag? Ook mogelijk. Een combinatie van beide factoren? Waarschijnlijk. Maar op zich brengt je dat niet veel verder. Een meer functionele kijk op dat gedrag kan je daarentegen soms wel verder helpen. Want kijkend naar een kind dat typisch ADHD-gedrag vertoont, kun je je niet aan het idee onttrekken dat zo'n kind met dergelijk gedrag als het ware zijn best doet om letterlijk en figuurlijk 'nergens bij stil te staan'. Dit wil zeggen: het lijkt te vermijden dat het voelt. Als deze redenering enige grond heeft, dan betekent dit dat je op zoek moet gaan naar de gevoelens die het kind kennelijk niet durft of wil voelen. Is het kind bang, onzeker, somber? Heeft het

> Het moeilijke gedrag van mijn kind wordt veroorzaakt door factoren waar ik eigenlijk niets aan kan doen.

last van nachtmerries of herinneringen waar het niet aan wil denken? Is het kind bang geworden door het gedrag van één of van beide ouders (ruzies)? Is het bang dat er een scheiding komt? Heeft het kind last van faalangst? Ik denk dat het heel nuttig kan zijn om het problematische gedrag van je kind in ieder geval ook eens op deze manier te bekijken en daaraan acties te verbinden. Komt daar allemaal niets uit, dan kun je altijd nog je toevlucht nemen tot een medicamenteuze aanpak. Keren we nu terug naar enkele veel voorkomende iB's bij de omgang met problematisch gedrag van een kind. Ik noem hier de volgende:
– Het moeilijke gedrag van mijn kind wordt veroorzaakt door factoren waar ik eigenlijk niets aan kan doen (iB 5).
– Ik ben niet in staat iets te doen aan deze problemen, dat moet de hulpverlening maar doen (iB 8).
– Ik was zelf als kind ook al zo moeilijk, dus het zal wel in de genen zitten (iB 9).
– Mijn kind doet moeilijk, en is dus alleen met straf te corrigeren (iB 3).

In uitgewerkte vorm zien de verschillende iB's er zo uit:
Ik zei het hiervoor al: op dit moment is het wetenschappelijk gezien nog veel te vroeg om problematisch gedrag van het kind (ADHD-gedrag) als een erfelijke of aangeboren kwestie te beschouwen. Ik denk dat zo'n redenering te kort door de bocht is, en alle andere mogelijkheden (bijvoorbeeld een problematische gezinssituatie) te snel buiten beschouwing laat. Veel rationeler is het daarom om eerst alle andere mogelijkheden te onderzoeken: in hoeverre is bijvoorbeeld het gedrag van je kind afhankelijk van jouw eigen gedrag? Uiteraard stuit sommige ouders zo'n vraag zwaar tegen de borst, maar hij dient gesteld te worden. Als je meer te weten wilt komen over je eigen hebbelijkheden en gevoeligheden (die ongetwijfeld ook zullen doorspelen in je manier van opvoeden), kijk dan ook eens naar je scores op de RET-test® in het derde hoofdstuk.
Uitgaande van de irrationele gedachte dat jijzelf niets kunt doen om het

gedrag van je kind te beïnvloeden, geef je onbedoeld het kind waarschijnlijk ook de indruk dat het reddeloos verloren is. Veel beter en rationeler zou het zijn om je kind duidelijk te maken dat er een probleem is en dat jullie dat samen gaan oplossen.

> Ik ben niet in staat iets te doen aan deze problemen, dat moet de hulpverlening maar doen.

Natuurlijk is het zo, dat als je er zelf niet meer uitkomt, je een beroep kunt doen op de hulpverlening. Maar doe dat niet te snel. Het verdient altijd de voorkeur om gezinsproblemen – want daar hebben we het over – binnen de gezinssituatie op te lossen. Oriënteer je zo goed mogelijk op de relevante literatuur. Neem kennis van de verschillende visies die er zijn op het desbetreffende gebied en kijk daar heel kritisch naar; bepaal zoveel mogelijk je eigen mening! Vergeet niet dat ook binnen de hulpverlening allemaal mensen rondlopen met een eigen visie en een eigen mening. Realiseer je dat er bij dit soort problematiek vrijwel altijd sprake is van twee 'kampen': de believers (in ADHD en dergelijke) en de non-believers, die zeer kritisch staan tegenover deze nieuwe diagnoses (zie hiervoor). Natuurlijk, het vereist de nodige moed om zelf je weg te zoeken uit dit soort problemen, maar een rationeel mens weet dat dit altijd de moeite van het proberen waard is.

De meeste mensen hebben een uitgesproken neiging om bepaalde verantwoordelijkheden uit de weg te gaan. Zeker ook als het gaat om de opvoeding, want wie wil er nou te horen krijgen dat het zijn schuld is dat het op de een of andere manier is misgegaan met de kinderen. Dus zoeken we als

> Ik was zelf als kind ook al zo moeilijk, dus het zal wel in de genen zitten.

ouders op de eerste plaats naar oorzaken buiten ons. Dat kunnen er heel veel zijn: de school, de schoonfamilie, de economische crisis, de werksituatie en natuurlijk ook de genen. Die worden tegenwoordig door bepaalde groepen voor bijna elke menselijke eigenschap als oorzaak aangewezen, overigens zonder een degelijke wetenschappelijke onderbouwing. Recent onderzoek laat namelijk zien dat het nog veel te vroeg is om te kunnen stellen dat een bepaalde eigenschap veroorzaakt wordt door een bepaald gen. Genen blijken namelijk enorm complexe interacties met elkaar te onderhouden, wat het vrijwel onmogelijk maakt één bepaald gen als oorzaak van een bepaalde karaktertrek of gedraging aan te wijzen. Dát zijn de feiten, en het zou erg irrationeel zijn om daaraan uit gemakzucht of uit angst voor verantwoordelijkheid voorbij te gaan.

Elke ouder verliest op een zeker moment het geduld met zijn kinderen. Daar is niets vreemds of vreselijks aan. Waar het om gaat, is dat je op een rationele manier reageert op je eigen ongeduld. Letterlijk en figuurlijk wild om je heen slaan, is uiteraard niet de bedoeling. Ga eerst na of je verwachtingen ten aanzien van het gedrag van jouw kind en van kinderen in het algemeen wel realistisch zijn. Leg je de lat niet te hoog? Verwacht je eigenlijk dat ze zich als een soort jonge volwassenen dienen te gedragen, net als enkele eeuwen geleden? Ben jezelf nogal snel geïrriteerd? Is het kind niet gewoon moe en daardoor lastig? Hoe het ook zij, straf, ik zei het al eerder, is in verreweg de meeste gevallen niet effectief om gedrag bij te sturen. Je onderdrukt het moeilijke gedrag alleen maar, waardoor de neiging om het vertonen alleen maar sterker wordt.

> Mijn kind doet moeilijk, en is dus alleen met straf te corrigeren.

Natuurlijk, als een kind écht moeilijk gedrag vertoont, dan moet je wel ingrijpen. Maar doe dat dan op de hiervoor beschreven manieren: analyseer het gedrag. Wanneer treedt het op, onder welke omstandigheden? Is het incidenteel van aard, of meer structureel? Is het laatste het geval, ga dan na wat de mogelijke oorzaken zouden kunnen zijn. Ik heb in de voorafgaande paragrafen een kleine opsomming gegeven van enkele veel voorkomende zorgen in een kinderhoofd.

'Niet straffen' wil overigens niet zeggen: geen enkele grens aangeven. Kinderen hebben nu eenmaal, zo weten we na het tijdperk van de antiautoritaire opvoeding, grenzen nodig. Krijgen ze die niet gesteld, dan gaan ze er in veel gevallen overheen. Spreek dus heel duidelijk bepaalde tijden en tijdsduren af voor computergebruik en het spelen van spelletjes. Beloon het kind als het zich houdt aan de afspraken. Doet het dat niet, leg dan eerst de consequenties van een bepaald gedrag uit. Geef, met andere woorden, het kind de keuze, daar leert het het meest van.

2.6 • SCHOOLZIEKE KINDEREN

De kleine Charlotte (vierenhalf jaar) vindt het maar niks op school. Elke morgen speelt zich hetzelfde ritueel af: ze wil zich niet aankleden, ze wil niet eten en ze moet werkelijk onder dwang naar school gebracht worden. Daar aangekomen is het ook altijd hetzelfde

liedje: ze huilt voortdurend en probeert zich aan elke vorm van sociaal contact te onttrekken. Praten doet ze niet of nauwelijks en als ze al iets zegt, dan is het dat ze terug naar huis wil, naar mama.
De juffen in de klas doen hun uiterste best om Charlotte bij de groep te houden. Ze zien erop toe dat ze niet door de anderen wordt gepest of lastig wordt gevallen. Want dat kan natuurlijk een reden zijn waarom een kind niet meer naar school wil. De andere kinderen zijn echter allemaal even aardig tegen Charlotte, dus daar zit 't probleem niet. Kennelijk heeft ze last van een hevige scheidingsangst, waardoor ze zich extreem onveilig voelt als mama niet in de buurt is.

....

Zo rond het vierde jaar gaan de meeste kinderen – kleuters inmiddels – voor het eerst naar school, de basisschool. Voor de meeste kinderen een erg spannende, maar toch ook wel leuke gebeurtenis. Maar voor een deel van de kinderen een ware ramp. Alles is nieuw: de omgeving, de mensen daarin, de andere kinderen, de (groeps)activiteiten. Ze voelen zich totaal aan hun lot overgelaten en verlangen naar de veilige omgeving van hun thuis, waar ze altijd dicht in de buurt van hun veilige moeder kunnen zijn. Ouders en opvoeders (de schooljuf of -meester) verwachten echter dat het kind zich meer en meer socialiseert, dat het leert spelen met andere kinderen. Ook moet het kind zich leren aanpassen aan allerlei normen en waarden die het voorheen niet kende; de buitenwereld heeft allerlei spelregels die het kind zich dient eigen te maken. Tot overmaat van ramp begint in deze tijd ook nog eens de zogenoemde fallische fase, een fase in de seksuele ontwikkeling waarbij er grote verwarring kan optreden: jongetjes worden verliefd op hun moeder, meisjes op hun vader – het oedipale conflict. Dit kan tot allerlei innerlijke spanningen en conflicten leiden (zie daarvoor paragraaf 2.9 Verliefd op de juf (of meester)). Problemen te over dus. De wijze waarop een kind op deze problemen reageert, wordt voor een deel bepaald door de manier waarop het zich gehecht heeft aan de moeder(figuur).

Je kunt op een heel eenvoudige manier vaststellen of een kind zich aan z'n moeder gehecht heeft of niet: breng het in een nieuwe, onbekende situatie en kijk of het kind voortdurend de nabijheid van de moeder opzoekt. Kinderen kunnen zich op een veilige, maar ook op een onveilige manier hechten. Het is vooral de opstelling en het gedrag van de volwassenen en andere gezinsleden die daarvoor bepalend zijn.

De Amerikaanse kinderpsychiater John Bowlby[4] (1907-1990) maakte een onderscheid tussen drie verschillende vormen van hechting, namelijk twee onveilige typen (A, afstand en C, contact) en een veilige vorm (B, basis). Een veilig gehecht kind (B) vindt het niet leuk als mama even weggaat, maar reageert daar tamelijk rustig op. Het kan soms wat gaan huilen, maar is al weer snel getroost als moeder terugkomt. Het vertoont slechts in geringe mate scheidingsangst.

Een onveilige hechting van het type A kenmerkt zich doordat moeder en kind een zekere fysieke en emotionele afstand ten opzichte van elkaar bewaren. Moeder troost het kind niet als het verdriet heeft of bang is, en omgekeerd lijkt het kind deze troost en geruststelling ook niet bij moeder te zoeken. Kinderen die op deze wijze gehecht zijn (of liever: niet gehecht), hebben een sterke neiging hun emoties voor zich te houden. Ze maken een erg verstandelijke indruk en hebben een sterke neiging zich groot te houden. Scheidingsangst is nauwelijks waarneembaar (maar kan wel degelijk aanwezig zijn!). Het andere type van onveilige hechting (C) kenmerkt zich door ambivalentie: de moeder-kindrelatie is nu eens erg warm en emotioneel, maar kan heel snel omslaan in een negatieve, boze houding over en weer. De relatie is, met andere woorden, erg inconsequent. De scheidingsangst kan bij deze kinderen erg intense vormen aannemen (krijsen, paniek, agressie).

Niet alle kinderen zijn overigens in deze drie vormen onder te brengen, reden waarom men later een type D (als mengvorm) heeft toegevoegd.

iB'S BIJ HET OMGAAN MET SCHOOLZIEKE KINDEREN

Schoolziekte (sommigen spreken van een schoolfobie) kun je opvatten als een uiting van scheidingsangst. Als een kind om de een of andere reden laat merken erg bang te zijn om naar school te gaan, is het erg belangrijk daarmee op een verstandige manier om te gaan. Allerlei irrationele ideeën kunnen een effectieve aanpak van dit probleem in de weg staan.

Bij het omgaan met schoolzieke kinderen zijn de volgende iB's mogelijk:
– Mijn kind zal en moet naar school, desnoods met dwang (iB 4).
– Mijn kind maakt mij te schande en moet daarvoor gestraft worden (iB 3).
– Ik durfde vroeger ook niet naar school, ik word daarvoor nu gestraft (iB 9).
– Ik kan er absoluut niet tegen mijn kind zo angstig te zien (iB 10).

4 John Bowlby, 1983. *Verbondenheid*. Deventer: Van Loghum Slaterus.

Deze voorbeelden van irrationeel denken zijn enkele van de vele mogelijkheden. Kinderen zijn en blijven het hoogste goed. Ouders/verzorgers willen in alle gevallen het beste voor het kind. Soms misschien zelfs op een wat irrationele manier, vanuit een wat irrationeel idealisme: mijn kind moet in alle opzichten perfect zijn. Al te hoge eisen kunnen gevaarlijk zijn voor een evenwichtige ontwikkeling van het kind, zeker als het in bepaalde opzichten beperkingen – angsten, onzekerheden – heeft. Belangrijk is om zoveel mogelijk op een verstandige manier met deze eventuele beperkingen om te gaan. Ga voor jezelf na of, en zo ja, in welke mate je gedrag gestuurd wordt door deze (of soortgelijke) irrationele uitgangspunten. Vervolgens gaat het erom dat je deze irrationele gedachten en uitgangspunten vervangt door rationele alternatieven. Neem hiervoor de hieronder uitgewerkte iB's als voorbeeld.

Het kan niet vaak genoeg worden herhaald dat dwang zelden een geschikte oplossing voor een probleem is. Als ouder ben je in staat het kind te dwingen naar school te gaan, maar met dwang doe je over het algemeen meer kwaad dan goed.

> Mijn kind zal en moet naar school, desnoods met dwang.

Veel rationeler is het om eerst uit te zoeken wat er precies aan de hand is op school. Waarom is het kind zo ontzettend bang om ernaartoe te gaan. Wordt het gepest door de andere kinderen? Heeft het veel last van faalangst? Doet de leerkracht onaardig? Maakt het kind zich druk om z'n uiterlijk, om de kleding misschien? Vraag de leerkrachten of zij iets van een mogelijk probleem hebben gemerkt. Als al die onderzoekingen niets hebben opgeleverd, is het te overwegen om strenger op te treden. Leg aan het kind uit dat het in zijn belang is dat het naar school gaat en leert te spelen met andere kinderen. Een kind zal zijn ouders deze 'onveilige' acties niet in dank afnemen, maar als ouder weet je zelf dat je het beste voor je kind wilt. Overleg met de school of het mogelijk is om als een overgangsfase even in de klas te blijven. Op die manier leert het kind wat gemakkelijker afstand te doen van je veilige aanwezigheid.

Het kan wat lastig en gênant zijn om elke keer met een huilend kind aan de schoolpoort te staan. Schaamte is echter niet op z'n plaats. Volgens de RET kun je je alleen maar schamen voor zaken – handelingen – die je met opzet verkeerd hebt gedaan. Bij een kind met een schoolfobie of schoolziekte is daarvan geen sprake. (Hoewel er gevallen bekend zijn van moeders die hun kinderen met opzet bang hadden gemaakt voor

school, om ze langer thuis te kunnen houden!)
Evenmin ligt het voor de hand om ervan uit te gaan dat het kind schoolziekte heeft vanuit het vooropgezette plan om zijn ouders daarmee voor schut te zetten. Schaamte hoort hier dus, normaal gesproken, niet thuis. Het is een weliswaar begrijpelijke, maar toch irrationele reactie. Datzelfde geldt natuurlijk ook voor de overweging het kind voor zijn schoolziekte te straffen. Zo'n straf veronderstelt een zekere bewuste opzet bij het kind en daar gaat het bij dit soort gevallen niet om. Waar het wel om gaat, is een overheersend gevoel van onveiligheid. Een kind kun je daar moeilijk voor straffen.

> Mijn kind maakt mij te schande en moet daarvoor gestraft worden.

Veel rationeler is het dan ook om de stappen te nemen die bij de vorige iB zijn besproken (zoeken naar oorzaken, overleg met de school). Het kan daarbij helpen de situatie te herdefiniëren. Het gaat dan niet meer om een schandelijke situatie, maar om een problematische situatie. Een problematische situatie vraagt om een verstandige oplossing.

Meestal is het erg leuk om gedrag en eigenschappen van jezelf terug te zien in het kind. We glimmen van trots als we ons kind zien reageren op een manier die we maar al te goed (her)kennen: als een kopie van ons eigen gedrag. Met erfelijkheid heeft dat in de meeste gevallen niet zo veel te maken; kinderen nemen – zonder dat de ouder zich daarvan bewust is – al heel snel gedrag over dat ze zien. Manieren van spreken, staan en lopen worden feilloos overgenomen. Meestal kan dat niet veel kwaad, maar kinderen nemen nog veel meer over, zoals angsten en onzekerheid. Het is natuurlijk onzin – en zeer irrationeel – om ervan uit te gaan dat er zoiets zou bestaan als een erfelijke schoolziekte. Of dat er sprake kan zijn van een soort fatalistische 'vergelding' voor vroeger 'wangedrag'.

> Ik durfde vroeger ook niet naar school, ik word daarvoor nu gestraft.

Veel rationeler zijn dan ook de volgende overwegingen. Misschien heeft het kind jouw nervositeit waargenomen op de eerste schooldag. Misschien huilde je wel en dacht het kind dat er iets vreselijks stond te gebeuren. Of misschien heeft het andere kinderen zien huilen, of is het bang gemaakt voor school door een ouder broertje of zusje. Allemaal mogelijke oorzaken van schoolziekte die zich allemaal afspelen in het heden. Kijk daar eerst goed naar. Mocht het zo zijn dat je vroeger zelf ook niet naar school durfde, gebruik deze ervaringskennis dan en stel het kind gerust. Vertel dat je goed weet wat het allemaal doormaakt, maar vertel ook dat je zeker weet dat het allemaal goed zal komen.

Aangezien kinderen vaak al heel vroeg in staat zijn emoties bij ouders en andere opvoeders waar te nemen, zullen ze niet rustiger worden als deze helemaal meegaan in de angst van het kind. Naar alle waarschijnlijkheid maken ouders en kind elkaar in zo'n geval alleen maar banger. Natuurlijk is het naar als je kind bang is of verdriet heeft, maar het is irrationeel om jezelf helemaal te verliezen in deze emoties. Als ouder ben je degene aan wie je kind zich in bange tijden moet kunnen vastklampen en dat kan het niet als het merkt dat je even bang (verdrietig, moedeloos, somber) bent als hij.

> Ik kan er absoluut niet tegen mijn kind zo angstig te zien.

Veel rationeler is het dan ook om jezelf te vermannen en het goede voorbeeld te geven. Groot houden is in dit soort gevallen veel beter. Bewaar de eigen angsten en verdriet tot een ander tijdstip, een moment waarop je het 'veilig' kunt uiten.

2.7 • KINDERACHTIG GEDRAG

Irma is net zes geworden. Tot voor kort heeft ze altijd het gedrag vertoond dat zo'n beetje paste bij haar leeftijd. Ze speelde met haar boezemvriendinnen, ze richtte zich meer en meer op personen buiten het eigen gezin, ze wist een plaats in de kindergroep te bemachtigen. Ze durfde ook zonder problemen bij een vriendinnetje te blijven slapen, leek haar eigen veilige thuis wat minder nodig te hebben. Van dit ontdekkende en vrije gedrag is momenteel niet veel meer terug te zien. Irma is met geen stok de deur uit te krijgen. Ze zou het liefst weer de hele dag bij mama thuisblijven. Wat verder opvalt, is dat ze weer wat kinderachtig is gaan praten en zelfs enkele keren in bed heeft geplast, terwijl ze toch al jaren zindelijk was.

De al eerder genoemde Sigmund Freud onderscheidde verschillende fasen in de psychoseksuele ontwikkeling van het kind. Hij gaf deze ontwikkeling de naam 'seksueel', omdat er bij elke fase een bepaald lichaamsdeel centraal staat bij de lustbevrediging. De fasen in het kort:
- orale fase (0-2 jaar), waarbij de mond het centrum van lustbeleving is (duimen, eten, zuigen);
- anale fase (2-4 jaar), waarbij het kind lust beleeft in het vasthouden en laten gaan van de ontlasting;
- fallische fase (4-7 jaar), waarbij de lustbeleving loopt via de genitaliën (eerste masturbatieachtig gedrag). In deze fase speelt het al eerder genoemde oedipale conflict (zie ook paragraaf 2.9 Verliefd op de juf);
- latentietijd (6-11 à 12 jaar), een rustperiode die een soort voorbereiding is op de naderende woelige puberteit;
- genitale fase (vanaf 11 à 12 jaar), waarbij seksuele gevoelens voor de ander in volle hevigheid aan de oppervlakte komen.

Volgens Freud zal elk kind alle fasen doorlopen, mits het zich daarvoor voldoende veilig voelt. Dat gevoel van veiligheid krijgt het, doordat het merkt dat de ouders weten wat er in het kind omgaat en daar op een begripvolle manier op reageren. Als het kind zich niet veilig voelt, om wat voor reden dan ook, dan kan het vastlopen in de ontwikkeling. Men

spreekt in zo'n geval van fixatie. Fixatie kan bijvoorbeeld optreden doordat het kind iets heel ergs meemaakt (een ziekte, het overlijden van een gezinslid), het durft zich dan als het ware niet verder te ontwikkelen. Maar een kind kan ook extreem verwend worden in een bepaalde fase, waardoor het totaal geen behoefte heeft zich verder te ontwikkelen. Als kinderen zijn vastgelopen in hun ontwikkeling, dan blijkt dat uit een te lang volhouden van gedragingen die eigenlijk niet meer bij de leeftijd passen. Blijven duimen kan daarvan een voorbeeld zijn, maar ook allerlei andere gedragingen die we dan als ouder erg 'kinderachtig' vinden.

In nog ergere (traumatische) gevallen kan er zelfs regressie optreden: het kind keert terug naar een eerdere, al doorlopen, ontwikkelingsfase. We schrikken daar als ouder nogal van en kunnen ons de meest vreselijke zaken in ons hoofd halen. Voor de volledigheid wijs ik er hier op dat de verschijnselen van fixatie en regressie zich gedurende de hele psychoseksuele ontwikkeling kunnen voordoen.

IB'S BIJ HET OMGAAN MET KINDERACHTIG GEDRAG

Bij het omgaan met kinderachtig gedrag zijn de volgende iB's mogelijk:
– Mijn kind heeft vast een psychische afwijking, dit kan niet normaal zijn (iB 6).
– Ik deug niet als opvoeder, mijn kind vormt daarvan het bewijs (iB 2).

– Dit kind stelt zich gewoon aan, een harde aanpak is de beste remedie (iB 3).
– Ik wacht gewoon af wat er gebeurt, de natuur moet haar beloop hebben (iB 7).

> Mijn kind heeft vast een psychische afwijking, dit kan niet normaal zijn.

De talloze iB's die hier mogelijk zijn, zullen deels voortkomen uit een gevoel van angst en boosheid, deels wellicht uit gevoelens van schaamte, onmacht en frustratie. Dergelijke irrationele gevoelens kunnen gevaarlijke proporties aannemen, waarmee je een kind dat 'kinderachtig' gedrag vertoont zeker niet zult helpen. Regressief gedrag van een kind is meestal een reactie op een bedreigende situatie (gebeurtenis, ervaring). Wat een kind al dan niet als bedreigend ervaart, kan per kind enorm variëren. Het is dus zaak dat je als ouder probeert te achterhalen wat het is waarvoor je kind zo bang is geworden. Dit betekent dat je een veilige sfeer moet creëren, waarin je kind durft te vertellen wat hem zo dwarszit. Probeer deze situatie ook weer te zien als een probleem dat opgelost dient te worden. Irrationele uitgangspunten kun je daarbij niet gebruiken, die dienen vervangen te worden door rationele. Ga voor jezelf na of, en zo ja, in welke mate je gedrag gestuurd wordt door deze (of soortgelijke) irrationele uitgangspunten. Vervolgens gaat het erom dat je deze irrationele gedachten en uitgangspunten vervangt door rationele alternatieven. Neem hiervoor de hieronder uitgewerkte iB's als voorbeeld.

Of een kind al dan niet regressief gedrag vertoont, zegt iets over de mate van angst die het ervaart. Het zegt niets over zijn psychische of intellectuele vermogens. Het is irrationeel om te denken dat regressief gedrag een voorbode is van later afwijkend gedrag.

Veel rationeler is het dan ook de oorzaak van de regressie te achterhalen. Ga na of er zich iets heel naars heeft voorgedaan in het (be)leven van het kind. Realiseer je daarbij dat ook de fantasie van het kind een rol kan spelen, bijvoorbeeld in de vorm van angstdromen. Vraag ook op de school na of er iets gebeurd is. Waar het steeds om gaat, is het creëren van een veilige situatie waarin het kind durft te praten.

> Ik deug niet als opvoeder, mijn kind vormt daarvan het bewijs.

Regressie kan optreden door factoren waar je als ouder helemaal niets aan kunt doen. Het is dus volstrekt irrationeel om jezelf de schuld te geven van

> Dit kind stelt zich gewoon aan, een harde aanpak is de beste remedie.

de angst bij je kind – tenzij je daar natuurlijk zelf de oorzaak van bent, maar daar gaan we hier niet van uit. Elk kind kan regressief gedrag vertonen, om soms redenen die erg moeilijk te achterhalen zijn. Er kan bijvoorbeeld sprake zijn van een vorm van seksuele intimidatie door klasgenootjes (of erger) waar het kind absoluut niet over durft te praten. Ook kan het zijn dat het kind het 's nachts erg moeilijk heeft – bang is –, iets waar het zich heel erg voor schaamt en waar het dus ook niet over durft te praten.

Ook hier is het veel rationeler om te proberen de oorzaak van het gedrag te achterhalen. Zelfverwijten zullen daarbij niet helpen. Een subtiele en liefdevolle, warme en veilige houding tegenover het kind des te meer.

Deze aanpak komt in de praktijk helaas maar al te vaak voor. Veel ouders zien in het kinderachtige gedrag niet meer dan een poging tot aandachttrekkerij. En natuurlijk, soms is dat ook zo. Zeker in het geval dat een ouder kind ziet hoe een jonger kind met z'n gehuil en gejengel alles gedaan krijgt van de ouder/verzorger. Kinderen die zich aanstellen om de aandacht te krijgen, houden er echter meteen mee op als ze op hun gedrag worden aangesproken. Kinderen die een 'echte' vorm van regressief gedrag vertonen, zullen in zo'n geval alleen maar angstiger worden en nog meer regressief gedrag gaan vertonen.

Veel rationeler is het dan ook om heel goed uit te zoeken waar het om gaat. Is het een vorm van (angstige) regressie of van manipulatieve aandachttrekkerij. Als er redenen zijn om aan te nemen dat het kind werkelijk angstig is, wees dan uitermate terughoudend met een harde aanpak. Dat helpt het kind van de wal in de sloot. Een echte kinderangst dien je altijd serieus te nemen, of die angst nu het gevolg is van een feitelijke gebeurtenis, of van iets wat het kind zich verbeeldt. Voor de beleving van het kind maakt dat namelijk niets uit.

Als ouder kun je natuurlijk helemaal niets doen, maar het is irrationeel om te denken dat je dan ook helemaal niets fout doet. Je laat namelijk je kind met zijn angsten in de kou staan. Als ouder heb je de verantwoordelijkheid om voor je kind zo lang mogelijk een veilige vluchthaven te zijn.

> Ik wacht gewoon af wat er gebeurt, de natuur moet haar beloop hebben

Veel rationeler is het om aan het kind te laten merken dat je er altijd voor hem bent. Laat zien dat je het kind op alle mogelijke manieren wilt helpen. Neem de tijd voor hem, vraag of hij met je wil praten. Zelfs als je niet goed weet hoe je dat moet doen, dan nóg kun je duidelijk laten merken dat de wil wel degelijk aanwezig is.

2.8 • BEDPLASSEN

Keesje van zeven heeft een groot probleem waarvoor hij zich vreselijk schaamt: hij plast nog regelmatig in bed. Hij doet er van alles aan om dit te voorkomen: hij drinkt zo weinig mogelijk overdag, probeert zo lang mogelijk wakker te blijven, met als enig gevolg dat hij erg moe is overdag. Als hij dan 's avonds eindelijk uitgeput in slaap valt, gaat het vaak toch nog mis en wordt hij nat wakker. Ontdekking kan natuurlijk niet uitblijven. Zijn ouders zeggen dat hij beter zijn best moet doen en een grote jongen moet zijn. Ze hebben beloofd er voorlopig tegen niemand iets over te zeggen. Maar als het niet ophoudt, dan moet hij naar de dokter. Keesje durft niet uit logeren te gaan, bang als hij is zich onsterfelijk belachelijk te maken. Hij heeft het gevoel de enige op de wereld te zijn die dit afschuwelijke probleem heeft. Hij is er de hele dag mee bezig, wat zijn schoolprestaties zeer negatief beïnvloedt.

Er is sprake van bedplassen als probleem wanneer een kind minimaal vijf jaar is en ten minste tweemaal in de maand in bed plast terwijl het overdag zindelijk is. Men vermoedt dat bedplassen het meest voorkomende probleem is bij kinderen tussen de 6-12 jaar: van de basisschoolkinderen plast 8-10% nog regelmatig in bed. Bedplassen is ook op latere leeftijd een vrij veel voorkomend probleem, in de puberteit plast zo'n 1-3% van de kinderen nog wel eens in bed. Bedplassen is een van de meest verzwegen problemen in de kindertijd en puberteit. Jongens hebben er tweemaal zoveel last van als meisjes, zoals meisjes in de regel ook wat eerder zindelijk zijn dan jongens.

> Bedplassen is een kinderachtige manier van aandacht vragen.

Rita Kohnstamm noemt in haar *Kleine ontwikkelingspsychologie, deel 2*[5] enkele mogelijke oorzaken:
- te strenge of te vroege zindelijkheidstraining, waardoor het kind erg angstig en gespannen is over het plassen (ontlasting ophouden levert meestal niet zoveel problemen op, omdat kinderen makkelijker leren om controle te krijgen over hun darmen). De geschikte leeftijd voor de zindelijkheidstraining ligt tussen de 18-30 maanden;
- een ingrijpende gebeurtenis in het leven van het kind, waardoor regressie optreedt;
- een kind heeft een kleine blaas en slaapt erg diep, waardoor het niet op tijd wakker wordt.

Hoe het ook zij, onderschat niet de negatieve invloed van bedplassen op het gevoel van eigenwaarde van het kind. Er zijn gevallen bekend waarbij kinderen tot allerlei wanhoopsgedragingen zijn overgegaan om hun 'kwaal' voor de buitenwereld verborgen te houden: 's nachts opstaan, bed afhalen, lakens proberen te wassen enzovoort.

Er zijn allerlei soorten plaswekkers op de markt gebracht om het kind te helpen alsnog 's nachts controle te krijgen over de blaas. De resultaten die met dergelijke apparaten worden behaald, zijn over het algemeen redelijk. Vergeet echter niet dat het gebruik van zo'n apparaat voor het kind ook erg beschamend en vernederend kan zijn. Het moet allemaal in het diepste geheim, de vriendjes mogen er niets van weten.

IB'S BIJ HET OMGAAN MET BEDPLASSEN

Bij het omgaan met bedplassen zijn de volgende iB's mogelijk:
- Bedplassen is een kinderachtige manier van aandacht vragen (iB 3).
- Bedplassen moet onmiddellijk afgestraft worden (iB 3).
- Bedplassen is een bewijs van een ernstige ziekte (iB 6).
- Bedplassen is een probleem dat anderen (school, de dokter) maar moeten oplossen (iB 8).

Bij een kind dat in bed plast, dient eerst te worden vastgesteld of de oorzaak primair lichamelijk dan wel psychisch is. Een lichamelijk onderzoek door een arts kan daarin duidelijkheid brengen. Mocht de oorzaak vooral psychisch zijn, dan is het goed allereerst te proberen de gevoelens van schuld en schaamte bij het kind weg te nemen of te verminderen. In de RET wordt in dit verband gesproken van het 'secun-

---

5 Rita Kohnstamm, 2009. *Kleine ontwikkelingspsychologie, deel 2*. Houten: Bohn Stafleu van Loghum.

daire symptoom'. Het primaire symptoom is de klacht zelf (in dit geval bedplassen), het secundaire symptoom wordt gevormd door de gevoelens van schuld, boosheid, schaamte, die men heeft ten gevolge van de klacht. De regel in de RET is dat je eerst het secundaire symptoom moet aanpakken en dan pas het primaire. In het geval van bedplassen betekent dit dat je het kind duidelijk maakt dat het zich niet hoeft te schamen of schuldig hoeft te voelen: het plast immers niet met opzet in bed. Ga voor jezelf na of, en zo ja, in welke mate je gedrag gestuurd wordt door deze (of soortgelijke) irrationele uitgangspunten. Vervolgens gaat het erom dat je deze irrationele gedachten en uitgangspunten vervangt door rationele alternatieven. Neem hiervoor de hieronder uitgewerkte iB's als voorbeeld.

Wat de oorzaak van het bedplassen ook moge zijn, het vragen van aandacht is het naar alle waarschijnlijkheid niet. Het is namelijk irrationeel om te veronderstellen dat een kind om aandacht vraagt op een manier waar het zelf zoveel last van heeft. Kinderen beschikken over een veel ruimer arsenaal aan gedragingen waarmee ze de aandacht op zich willen vestigen. Ze zullen zelden of nooit gebruik maken van een manier die zo vernederend voor hen is.

Veel rationeler is het om het bedplassen op te vatten als een teken dat het kind onder grote spanning leeft. Kennelijk is er iets gebeurd in het (be)leven van het kind waardoor het van streek is geraakt. Dat kan een gebeurtenis op school zijn (pesten), binnen het gezin (de geboorte van een ander kind), of in de fantasie (angstdromen). Ga voor jezelf ook na hoe de zindelijkheidstraining bij het kind is verlopen. Ging dat erg moeizaam, is er veel druk uitgeoefend? Praat in alle gevallen met het kind, probeer niet boos of teleurgesteld te zijn. Realiseer je dat het gevoel van eigenwaarde van het kind waarschijnlijk al een flinke deuk heeft opgelopen. Daar hoef je dus niet nog eens een schepje bovenop te doen. Probeer de eventuele spanningen en problemen boven water te krijgen. Ook kan het nuttig zijn gebruik te maken van een plaswekker. De huisarts kan je daar meer over vertellen.

Het is irrationeel om er zonder meer van uit te gaan dat het kind met opzet in bed plast als bewuste daad van verzet. In zeer bepaalde gevallen zou dat misschien het geval kunnen zijn, maar dan bij hoge uitzondering. En zelfs dan nog zou straf zo ongeveer het laatste middel moeten zijn om het bedplassen te bestrijden. Een kind

> Bedplassen moet onmiddellijk afgestraft worden.

straffen voor iets waar het in principe niets aan kan doen, veroorzaakt grote verwarring. Het kind voelt zich naar alle waarschijnlijkheid al schuldig omdat het in bed heeft geplast, maar het weet ook dat het er niets aan kan doen. Straf zal de interne spanningen bij het kind alleen maar hoger laten oplopen, met als gevolg een nog grotere kans op nachtelijke ongelukjes.

Veel rationeler is het om samen met het kind op zoek te gaan naar de redenen van zijn angst en gespannenheid.

> Bedplassen is een bewijs van een ernstige ziekte.

Het kan, zoals gezegd, geen kwaad om bij aanhoudend bedplassen een arts te consulteren. Het is namelijk altijd goed allerlei fysieke oorzaken van het bedplassen uit te sluiten. Wordt er bij lichamelijk onderzoek niets gevonden, dan is er geen enkele reden om aan te nemen dat bedplassen een eerste symptoom is van een naderende ernstige ziekte. Dat zou irrationeel zijn. Puur lichamelijk gezien kan dit euvel weinig kwaad, in psychisch opzicht kan er veel meer schade aangericht worden.

Het is dan ook rationeel om je vooral te richten op die mogelijke psychische schade. Probeer te voorkomen dat het kind zichzelf als minderwaardig en als een mislukkeling gaat zien. Dat kun je bijvoorbeeld doen door dit probleem heel pragmatisch aan te pakken: we hebben een probleem en we gaan er alles aan doen om het de wereld uit te helpen, als we er op de ene manier niet uitkomen, dan proberen we gewoon een andere. Maak het kind vooral ook duidelijk dat het zeker niet de enige is met dit probleem. Laat desnoods de talloze sites op internet zien als bewijs!

Het is zeker goed als de school op de hoogte is van de problemen die er spelen. Ook als het om bedplassen gaat. Dan kan iedereen rekening houden met de emotionele toestand van het kind. Het is echter irrationeel om van de school (of de dokter) te verwachten dat zij de eindverantwoordelijke zouden moeten zijn om dit probleem op te lossen. Dat zou alleen het geval kunnen zijn als de oorzaak van het bedplassen op school gelegen is, bijvoorbeeld omdat het kind door andere kinderen gepest wordt. Meestal spelen er echter meerdere oorzaken tegelijk en is overleg en een gezamenlijke aanpak een noodzaak.

> Bedplassen is een probleem dat anderen (school, de dokter) maar moeten oplossen.

Veel rationeler is het om je verantwoordelijkheid als ouder te nemen, en aan het kind te laten zien dat je het onvoorwaardelijk wilt helpen, bijvoorbeeld op de manieren die hierboven staan beschreven.

www.bedplassen.org geeft erg veel nuttige informatie voor kinderen en ouders.

....

2.9 • VERLIEFD OP DE JUF (OF MEESTER)

Jan is acht jaar oud en hevig verliefd op de zwemjuffrouw. Hij vindt haar zo ongeveer de mooiste vrouw die hij ooit heeft gezien en sloofd zich dan ook vol overgave voor haar uit in het zwembad. Hij schrijft in het grootste geheim gedichten voor haar, verklaart haar in gedachten zijn liefde en ziet de wekelijkse zwemles als het absolute hoogtepunt. Maar dan slaat het noodlot toe. Jan is nooit een echte zwemmer geweest en heeft de grootste moeite met watertrappen. Bij het eerste zwemexamen is dat watertrappen echter een verplicht nummer en de kleine Jan trapt wat hij kan. Hij weet ternauwernood zijn hoofd boven water te houden. Hij probeert wat uit het zicht van de zwemjuf te blijven, want ze treedt bij deze gelegenheid ook op als examinator. Hij schaamt zich diep dat hij geen betere prestatie kan leveren. De zwemjuf loopt steeds rondjes om het zwembad heen en houdt Jan steeds in de gaten. Dat denkt hij tenminste. En dat weet hij al helemaal zeker als ze hem als enige uit het water haalt met de mededeling dat hij het over een halfjaartje nog maar eens moet proberen.

....

Veel volwassenen hebben de neiging wat lacherig te doen over de prille liefdes en verliefdheden van hun kinderen. Vergelijkingen zijn natuurlijk niet echt te maken, maar er is geen enkele reden om aan te nemen dat een afwijzing in de vroege jeugd minder kwetsend en pijnlijk zou zijn dan op een latere leeftijd. Een kind van een jaar of zeven zit in een erg complexe leeftijdsfase, namelijk de fallische fase. In deze fase doet zich het oedipale conflict voor, waarbij jongens verliefd worden op moeder en meisjes op vader. Aangezien zo'n situatie niet kan blijven bestaan – de ouders hebben immers normaal gesproken al een partner

– is het kind gedwongen deze intense gevoelens op een persoon buiten het gezin te projecteren. Zo ontstaan de eerste 'externe' verliefdheden. Intense gevoelens waar een kind op die leeftijd vaak totaal geen raad mee weet. Erover praten kan ook al niet, omdat het kind weet dat de situatie in feite onmogelijk is: het is veel te jong en de geliefde is meestal al bezet. Er kunnen diepe wonden geslagen worden in deze tijd, vooral als ouders op een erg ongelukkige manier reageren als ze erachter komen wat er aan de hand is.

IB'S BIJ HET OMGAAN MET KINDERLIEFDES

Bij het omgaan met kinderliefdes zijn de volgende iB's mogelijk:
– Kinderliefdes bestaan niet, dat is allemaal aanstellerij.
– Mijn kind moet zo snel mogelijk in therapie (iB 6).
– Mijn kind moet leren veel opener te zijn (iB 12).
– Dit is allemaal de schuld van de media (iB 5).

Meestal zal het zo'n vaart niet lopen met kinderliefdes en verliefdheden. Ze lossen zich na verloop van tijd zelf op, omdat het kind er als het ware overheen groeit. Dat heeft natuurlijk ook alles te maken met de houding die de juf (of meester) tegenover de kwestie aanneemt. Een respectvol gesprek, waarin de leerkracht het kind duidelijk maakt dat zij de gevoelens van het kind respecteert – ook al blijft het eenrichtingsverkeer – kan wonderen doen. De gevoelens van het kind beantwoorden of daar op termijn uitzicht op geven, zijn uit den boze. In Amerika heeft een juffrouw (ruim dertig jaar) de gevoelens van haar leerling (elf jaar) beantwoord. Na een gevangenisstraf wegens seksueel misbruik van een minderjarige, schijnt ze met de knaap (inmiddels zestien jaar) getrouwd te zijn. Liefde overwint kennelijk zo niet alles, dan toch heel veel. Ga voor jezelf na of, en zo ja, in welke mate je gedrag gestuurd wordt door deze (of soortgelijke) irrationele uitgangspunten. Vervolgens gaat het erom dat je deze irrationele gedachten en uitgangspunten vervangt door rationele alternatieven. Neem hiervoor de hieronder uitgewerkte iB's als voorbeeld.

Het zojuist gegeven Amerikaanse voorbeeld maakt in ieder geval duidelijk dat het irrationeel is om alle kinderliefdes te beschouwen als een onschuldige bevlieging die vanzelf wel weer zal overgaan. Echt goed onderzoek is er naar de invloed van kinder-

> Kinderliefdes bestaan niet, dat is allemaal aanstellerij.

liefdes nooit gedaan, maar volgens de psychoanalytische theorie van Sigmund Freud kunnen de gevolgen levenslang doorwerken. Enerzijds maakt een verliefd kind kennis met de mooie kant van de liefde, anderzijds loopt het tegelijkertijd een groot risico heel vroeg diepe krassen in de ziel op te lopen.

> Mijn kind moet zo snel mogelijk in therapie.

Het is dan ook rationeel om de gevoelens van het kind serieus te nemen en daar niet lacherig – of plagerig – over te doen. Leef mee met het kind, maar blijf het wel voortdurend confronteren met de realiteit van de onmogelijkheid.

Een vorm van therapie kan nuttig en nodig zijn, als blijkt dat het kind op geen enkele manier tot het inzicht is te brengen dat zijn gevoelens voor de juf of meester niet beantwoord kunnen worden. Soms kan een kind zich zo totaal overgeven aan een fantasie, dat er sprake is van een obsessie. De reality-testing van het kind werkt dan niet meer naar behoren; het weet geen onderscheid te maken tussen fantasie en werkelijkheid. Het is echter irrationeel om bij elke vorm van verliefdheid de hulpverlening in te schakelen. Een probleem als dit lost zich in de regel vanzelf weer op.

Veel rationeler is het dan ook een houding van begrip en geduld aan te nemen.

Kinderen hebben een wisselende behoefte aan contact met hun ouders. Vooral op de leeftijd van zeven tot elf jaar gaan ze graag hun eigen gang. Ze zijn meer gericht op personen buiten het gezin (vriendjes en vriendinnetjes, een vorm van socialisatie). Áls er al wat besproken moet worden, dan doen ze dat liever met hen. Het is daarom irrationeel om te verwachten dat je altijd het eerste aanspreekpunt zult zijn voor je kind. Ook al doe je nog zo je best om je begripvol en empathisch op te stellen, dan nog kan je kind ervoor kiezen om zich voor je af te sluiten. Dat is een volstrekt normaal verschijnsel op die leeftijd. Elke vorm van dwang zal de neiging tot afsluiten alleen maar versterken.

> Mijn kind moet leren veel opener te zijn.

Veel rationeler is het dan ook om je kind aan te sporen om in ieder geval met iemand te praten over wat het allemaal beleeft en meemaakt. Laat merken dat je er

> Dit is allemaal de schuld van de media.

altijd zult zijn voor het kind, maar dat je het begrijpt als het liever met iemand buiten het gezin praat. Het gaat er om dat het kind ergens zijn hart kan luchten.

Het is natuurlijk altijd mogelijk dat de kinderen van tegenwoordig allerlei vreemde ideeën opdoen in de bladen die ze lezen en de programma's die ze zien. Want de bladen en televisieprogramma's van tegenwoordig liegen er niet om. Zaken als seks en verliefdheid – met alle mogelijke problemen en abnormaliteiten – worden breed uitgemeten, en er is niemand die met zekerheid kan zeggen of dat goed of juist fout is voor de sociaal-emotionele ontwikkeling van het kind. Vooralsnog is het irrationeel om ervan uit te gaan dat er geen enkele invloed van de media uitgaat.

Veel rationeler is het om rekening te houden met deze mogelijke invloed en je kind duidelijk te maken dat het in al die spannende verhalen om extremen gaat.

2.10 • FAALANGST

Chrisje (negen jaar) is eigenlijk gewoon een hartstikke leuke en vrolijke meid. Als ze zich een beetje op haar gemak voelt tenminste. Als ze geen 'moeilijke' dingen hoeft te doen, voelt Chrisje zich meestal wel op haar gemak. Die moeilijke dingen blijken vooral nieuwe dingen te zijn, vooral in een groep. Chrisje is er als de dood voor dat andere leerlingen haar zullen uitlachen als zou blijken dat ze iets niet weet of niet kan. Om die reden vertoont ze allerlei vermijdingsgedrag. Ze verschuilt zich in de groep, zal nooit haar vinger opsteken en probeert op geen enkele manier op te vallen. En dat is heel erg jammer, want ze heeft eigenlijk best een heleboel te vertellen. Ze heeft een eigen kijk op zaken en zou beslist een waardevolle bijdrage aan de klas kunnen leveren. Als ze maar zou durven. Het stomme van het geval is, dat achteraf steeds gebleken is dat ze best wel de dingen voor elkaar krijgt waar ze vooraf zo tegenop heeft gezien. Toch blijft ze bang voor mislukkingen.

Faalangst komt bij kinderen en volwassenen van alle leeftijden voor. Er zijn ontzettend veel mensen die er last van hebben en die alles in het werk stellen om deze angst voor anderen verborgen te houden. En juist dat zorgt ervoor dat de angst alleen maar in intensiteit toeneemt. Faalangst is bij uitstek een van de hoofdonderwerpen van de RET, omdat de manier van denken over jezelf en je werk voor het overgrote deel bepaalt of je last zult hebben van negatieve faalangst. Want als je denkt dat je iets niet kunt, vergroot je daarmee de kans op een mislukking. Je zou bijvoorbeeld ook tegen jezelf kunnen zeggen dat je in ieder geval je best gaat doen en dan maar zien wat ervan terechtkomt. Op die manier begin je rustiger aan een taak, en is de kans groter dat het zal lukken.
In de literatuur kom je vaak het onderscheid tegen tussen negatieve en positieve faalangst. Er is sprake van een positieve faalangst wanneer de angst de prestatie in gunstige zin beïnvloedt. De angst werkt in dat geval als een extra stimulans om het goed te doen. Hij zorgt ervoor dat je scherp en alert bent. Bij een negatieve faalangst werkt de angst remmend en belemmerend op de prestatie.
Hoewel faalangst op elke leeftijd kan optreden, zijn er perioden aan te wijzen dat de kans erop wat groter is. Deze grotere kans is er vooral bij

kinderen. Als een kind voor het eerst naar school gaat en zich een plaats moet verwerven in de groep, kan er van alles misgaan. Die eerste 'mislukkingen' kunnen een hardnekkige faalangst veroorzaken, die meestal werkt als een self-fulfilling prophecy: een kind met faalangst denkt dat het iets niet zal kunnen, raakt daardoor gespannen en zenuwachtig, waardoor het de taak niet goed volbrengt, met als gevolg dat het nóg gespannener wordt, enzovoort.

IB'S BIJ HET OMGAAN MET FAALANGST

Bij het omgaan met faalangst zijn de volgende iB's mogelijk:
– Dit kind doet zijn best niet, en moet daarvoor gestraft worden (iB 3).
– Zie je wel dat angsten erfelijk zijn? Ik durfde zelf ook nooit iets (iB 9).
– Het is de schuld van de school dat dit kind zo bang is (iB 5).
– Het is mijn schuld dat mijn kind zo bang is, ik ben een slechte ouder (iB 2).

Faalangst is uitermate geschikt voor een aanpak met de RET, omdat het sterk beïnvloed wordt door de manier van denken die iemand erop na houdt. In zijn algemeenheid kun je dus stellen dat je in geval van faalangst bij het kind altijd moet gaan onderzoeken hoe het over zichzelf en zijn vaardigheden denkt. Niet zelden heeft het kind een gering gevoel van eigenwaarde, een totaal gebrek aan zelfvertrouwen en bestookt het zichzelf met allerlei negatieve selftalk (ik kan niks, ik weet niks). Inzicht, geduld en begrip jegens het kind zullen dat zelfvertrouwen bij het kind moeten opbouwen. Dit zal niet lukken als je blijft uitgaan van allerlei irrationele gedachten. Veel beter is het om je kind te RET'en. Ga voor jezelf na of, en zo ja, in welke mate je gedrag gestuurd wordt door deze (of soortgelijke) irrationele uitgangspunten. Vervolgens gaat het erom dat je deze irrationele gedachten en uitgangspunten vervangt door rationele alternatieven. Neem hiervoor de hieronder uitgewerkte iB's als voorbeeld.

Kinderen vinden het zelf al erg genoeg dat ze iets niet durven, dus het is irrationeel om ervan uit te gaan dat ze voor hun eigen lol bang zijn voor bepaalde taken. In de meeste gevallen schamen ze zich er ook nog eens voor, waardoor er een vicieuze cirkel is ontstaan.

> Dit kind doet zijn best niet, en moet daarvoor gestraft worden.

Veel rationeler is het dan ook om aan het kind duidelijk te maken dat het zichzelf steeds verder de afgrond in denkt als het zo negatief over zichzelf blijft denken. Een prima manier om deze cirkel te doorbreken is het kind voor te houden dat je zijn motivatie – inzet – veel belangrijker vindt dan zijn prestatie. Zeg tegen je kind dat je alleen maar van hem verwacht dat het zijn best zal doen. Als het resultaat goed is, dan is dat mooi meegenomen. Valt het tegen, dan is het een kwestie van 'volgende keer beter'. Op die manier kun je na verloop van tijd de spanning in het kind verminderen en de misplaatste en nare verbinding tussen prestatie enerzijds en aardig gevonden worden anderzijds afzwakken. Merk op dat straf totaal geen optie is in geval van faalangst.

> Zie je wel dat angsten erfelijk zijn? Ik durfde zelf ook nooit iets.

Angsten zijn niet erfelijk, wat een bepaalde groep onderzoekers ons ook probeert wijs te maken. Het zijn vooral de omgevings- en ervaringsfactoren die bepalen of een kind al dan niet een bepaalde angst zal ontwikkelen. Als het ziet dat vader of moeder erg bang voor iets is, dan is de kans groot dat het kind zo'n angst zal overnemen. 'Leren door observeren' heet dat officieel. Dit kan soms op een heel ongemerkte en subtiele manier in zijn werk gaan, waardoor het kan lijken alsof het kind een bepaalde angst heeft overgeërfd. In het geval van faalangst is het dus mogelijk dat het kind heeft gemerkt dat je zelf altijd erg opkijkt tegen bepaalde nieuwe taken, of dat je erg zenuwachtig bent in het gezelschap van anderen. Het is dus irrationeel om te denken dat het iets met erfelijkheid heeft uit te staan.

Veel rationeler is het om te proberen te achterhalen waar, wanneer en waardoor het kind zich de faalangst heeft eigen gemaakt. Let wel: dit zou zelfs kunnen komen door een bepaalde scène die het op televisie heeft gezien, door een voorval bij een kind in de klas of door een heel kleine 'mislukking' die het zelf ooit heeft ondervonden.

Er zijn ouders die de oorzaken van alle mogelijke problemen binnen het gezin altijd buiten zichzelf plaatsen. Ze kunnen en durven op geen enkele wijze kritisch naar zichzelf en hun manier van opvoeden te kijken. Het kán eenvoudigweg nooit aan hen liggen als er iets verkeerd is gegaan, want zij doen altijd alles goed. Vaak is bij dergelijke ouders de wens de vader van de gedachte.

> Het is de schuld van de school dat dit kind zo bang is.

Want het zou best eens zo kunnen zijn dat ze – misschien onbewust – een actieve rol hebben gespeeld bij de ontwikkeling van de faalangst bij hun kind. Bijvoorbeeld ouders die gewend zijn om het kind bij elke activiteit voor te houden dat er toch wel weer niks van zal terechtkomen, omdat het te dom is, te zwak, te klein of te jong. Tegen zo'n vernietigend negativisme is geen enkel zelfvertrouwen bestand. Maar ook overbezorgdheid kan faalangst in de hand werken: als je het kind opvoedt in een voortdurend besef van wat er allemaal kan misgaan en mislukken, creëer je een prima voedingsbodem voor faalangst.

Ga eerst voor jezelf na of dit soort zaken kunnen spelen binnen het gezin. Als dit zelfonderzoek niets ophelderd, dan kun je altijd nog de school aan een nader onderzoek onderwerpen.

Zoals het onzinnig en irrationeel is om de school van elk probleem van je kind de schuld te geven, zo is het even irrationeel om zonder meer de schuld op jezelf te betrekken. Misschien heb je je bezondigd aan de praktijken van negativisme en overbezorgdheid, in dat geval dien je je houding te herzien. Maar

> Het is mijn schuld dat mijn kind zo bang is, ik ben een slechte ouder.

de kans is minstens even groot dat het kind een faalangst heeft ontwikkeld door factoren die totaal buiten jouw invloedssfeer liggen.

Veel rationeler is het om je te realiseren dat je nooit in staat zult zijn het kind tegen alle mogelijke moeilijkheden en gevaren te beschermen, hoe graag je dat ook zou willen. Er gebeurt van alles met het kind – op straat, op school – waar je geen weet van hebt. Meer doen dan je best kun je niet. Opvoeden is ook een kwestie van loslaten en laten gaan.

2.11 • AGRESSIE

Mark van tien jaar is wat groot voor zijn leeftijd. Hij doet graag stoer en wil indruk maken op zijn kameraden. Dit doet hij vooral door te laten merken dat hij voor niemand bang is, ook niet voor leerkrachten. Tegen hen geeft hij dus de ene grote mond na de andere, een gedrag dat de school niet kan tolereren. Daar komt nog bij dat Marks handen wat loszitten. Als iets hem niet bevalt, of als iemand hem naar zijn mening hindert, dan lost hij dat probleem bij voorkeur met zijn vuisten op. 'De eerste klap is een daalder waard' is zijn favoriete uitspraak. De andere kinderen in de klas zijn bang voor hem en Mark vindt dat eigenlijk wel prima. Het lijkt erop dat hij zijn zelfvertrouwen ontleent aan het imago van de sterke vechtersbaas. Gesprekken met de psycholoog leveren helaas het beeld op van een jongen die van huis uit niets anders heeft meegekregen dan een mentaliteit van vechten tot je erbij neervalt. Marks vader vindt het gedrag van zijn zoon dan ook helemaal niet problematisch. Alles beter dan een watje als zoon. De huidige maatschappij vraagt toch om een weerbare houding?

....

In vrijwel alle huidige handboeken ontwikkelingspsychologie wordt een ruime plaats ingedeeld voor het verschijnsel agressie. De reden daarvoor is maar al te bekend: het toenemende geweld in het algemeen en onder jongeren in het bijzonder. Zo wijdverbreid als het verschijnsel is geworden, zo weinig is er in feite bekend over de precieze oorzaken en achtergronden ervan. Natuurlijk, allerlei maatschappelijke en sociale factoren spelen een rol, evenals allerlei biologische en culturele. Maar waarom het ene kind wel erg agressief gedrag vertoont en het andere niet, blijft vaak toch nog onduidelijk. Waarschijnlijk is agressie het gevolg van meerdere, tegelijkertijd op elkaar inwerkende factoren, en dat maakt het juist zo moeilijk om het effectief te bestrijden.
In zijn algemeenheid kun je de veelheid theorieën over agressie onderverdelen in twee hoofdstromingen. Volgens de eerste stroming (onder meer Freud) is agressie een aangeboren drift en heeft het een overlevingsfunctie. Het dient om jezelf te verdedigen tegen andere agressors. Agressie treedt volgens Freud op als je gefrustreerd raakt in de bevrediging van je behoeften. Toen Freud op het einde van zijn leven (1939) geconfronteerd werd met de waanzin van nazi-Duitsland, heeft hij aan agressie nog een andere functie toegekend: die van de zelfvernietiging van de soort. Uiteraard een moeilijk te bewijzen theorie, maar in de huidige tijd is het soms moeilijk al die gewelddadige waanzin op een andere manier te verklaren. De tweede stroming gaat ervan uit dat de mens van nature goed is en sociaal ingesteld jegens de medemens. Agressie is in deze visie een gedrag dat het kind door opvoeding en ervaring krijgt aangeleerd. Beide theorieën zijn waarschijnlijk even geldig en vullen elkaar aan. Toch is agressie tegenwoordig een enorm pro-

bleem geworden en daar moeten ouders terdege rekening mee houden. Agressief gedrag kan op alle leeftijden voorkomen en veel verschillende vormen aannemen. Het is natuurlijk ondoenlijk daarvan in dit boek een volledig overzicht te geven, maar het lijkt handig de verschillende uitingsvormen globaal te koppelen aan een bepaalde leeftijdsfase. Het is mogelijk bepaalde uitingsvormen van agressie te verbinden met de orale, de anale, de fallische en de genitale fasen (zie ook deze fasen bij paragraaf 2.7, 'Kinderachtig gedrag'):

– orale fase (0-2 jaar), waarbij agressie vooral wordt geuit door bijten en spugen;
– anale fase (2-4 jaar), waarbij agressie vaak de vorm aanneemt van dingen stuk en vies maken;
– fallische fase (4-7 jaar), waarbij het kind allerlei agressieve fantasieën heeft over personen op wie het boos is (een geliefd thema in allerlei horrorfilms!);
– genitale fase (vanaf 11 à 12 jaar), 'volwassen' vormen van agressie. Alle hiervoor genoemde uitingsvormen blijven mogelijk, maar worden uitgebreid met veel sterkere vormen van verbale en non-verbale agressie. Het kind is inmiddels immers cognitief en fysiek een stuk sterker geworden.

Jongens vertonen over het algemeen meer agressief gedrag dan meisjes. Volgens sommige onderzoekers kan de grotere hoeveelheid testosteron bij jongens, vooral in de puberteit, een verklaring zijn voor het veel voorkomende vandalisme in deze leeftijdsgroep. In deze visie blijven ten onrechte opvoedings- en culturele factoren buiten beschouwing. Introverte kinderen lijken over het algemeen minder agressief gedrag te vertonen dan extraverte. Dit lijkt logisch omdat introverte kinderen minder de confrontatie zoeken met de buitenwereld. Kinderen met ADHD blijken vatbaarder voor agressie. Ze reageren door hun concentratieproblemen vaak verkeerd op situaties, wat irritaties en agressie bij andere kinderen en volwassenen kan oproepen. ADHD-kinderen hebben bovendien de neiging zelf nogal fel te reageren, waarmee de geweldsspiraal gemakkelijk in gang wordt gezet. Kinderen die soms wel, dan weer niet bestraft worden voor agressief gedrag, blijken het meest gewelddadig gedrag te vertonen. Het consequent bestraffen van agressie lijkt dus zeer noodzakelijk te zijn. Kinderen met een veilige gehechtheid (zie 'Schoolzieke kinderen'), zijn over het algemeen beter in staat hun agressie te beteugelen dan kinderen met een onveilige gehechtheid.

iB's BIJ HET OMGAAN MET AGRESSIE

Bij het omgaan met agressie zijn de volgende iB's mogelijk:
– Deze jongen wordt beslist een zware crimineel (iB 6).
– Jongens horen nu eenmaal hun vuisten te gebruiken.
– Die steeds toenemende agressie is allemaal de schuld van de media (iB 5).

Het is van het grootste belang als ouder tegenover je kind een heel duidelijke en vooral consequente houding aan te nemen als het zich agressief gedraagt. Uiteraard is het niet de bedoeling elke vorm van assertief gedrag of elke vorm van boosheid in de kiem te smoren. Maar agressief gedrag dat op geen enkele manier constructief is, alleen bedoeld lijkt om de ander te kwetsen of te beschadigen, dient gecorrigeerd te worden. Alle kletsverhalen over 'gezonde' agressie ten spijt. Ga voor jezelf na of, en zo ja, in welke mate je gedrag gestuurd wordt door deze (of soortgelijke) irrationele uitgangspunten. Vervolgens gaat het erom dat je deze irrationele gedachten en uitgangspunten vervangt door rationele alternatieven. Neem hiervoor de hieronder uitgewerkte iB's als voorbeeld.

> Deze jongen wordt beslist een zware crimineel.

Uit onderzoek blijkt dat veel criminelen als kind al meer agressief gedrag vertoonden dan niet-criminelen. Veel ouders maken een irrationele denkfout door ervan uit te gaan dat je deze relatie ook mag omkeren: agressieve kinderen worden dus criminelen. Zo werkt dat niet (een koe heeft vier poten, maar niet elk dier met vier poten is een koe). Aan de andere kant zal duidelijk zijn dat een agressief kind weinig voordelen zal hebben van zijn gedrag. Hoewel het zich door middel van dit gedrag een bepaalde plaats in de groep kan verwerven – of zelfs in een jeugdbende – plaatst het zich daarmee tegelijkertijd ook buiten de sociale orde. In die zin kan agressief gedrag er inderdaad voor zorgen dat een kind verkeerd terechtkomt.

Veel rationeler is het dan ook om meteen in de grijpen. Ga er niet van uit dat agressie een probleem is dat zichzelf wel oplost, want dat is niet zo. Met name agressie heeft een enorm zelfversterkend vermogen in zich. Wijs je kind op de consequenties van zijn agressieve gedrag: mensen zullen afstand nemen. Probeer zijn gevoel van empathie te ontwikkelen door hem de vraag te stellen hoe hij het zou vinden om zo agressief behandeld te worden.

Er bestaat geen enkele wet of regel volgens welke jongens hun vuisten dienen te gebruiken. Zo'n irrationele manier van denken leidt er alleen maar toe dat allerlei domme seksistische stereotypen blijven bestaan. Jongens moeten van zich af leren bijten, natuurlijk, meisjes ook. Maar het heeft

> Jongens horen nu eenmaal hun vuisten te gebruiken.

altijd de voorkeur dit op een verbale manier te doen, liefst met inachtneming van de regels van het goede fatsoen. Enerzijds worden ze daar een beter mens van, anderzijds zullen ze daardoor ook beter behandeld worden door andere mensen.

Veel rationeler is het dan ook het kind aan te leren dat winnen door fysieke overmacht ook altijd een vorm van verliezen inhoudt: zowel van het respect van anderen, als van het zelfrespect.

> Die steeds toenemende agressie is allemaal de schuld van de media.

Dit is misschien wel een van de meest gehoorde verwijten als het gaat om een verklaring voor de toenemende agressie van tegenwoordig. De zaak ligt echter niet zo eenvoudig als het lijkt. Er zijn twee theoretische 'kampen', die het volstrekt niet met elkaar eens zijn. Aan de ene kant is er de mening dat er een heilzame, zuiverende werking uitgaat van het zien van agressie: door agressie bij anderen te zien, zou je er zelf minder behoefte aan hebben. De bokswedstrijden (voetbalwedstrijden!) van nu hebben dezelfde functie als de gladiatorenspelen van vroeger: door mee te leven zouden we onze agressie kunnen afreageren. Men spreekt in zo'n geval van catharsis, een mooi woord dat letterlijk 'zuivering' betekent. Aan de andere kant is er de mening dat het zien van agressie alleen maar meer agressie in de hand werkt. Deze laatste visie wordt vrij overtuigend ondersteund door de experimenten van de Amerikaanse sociaalpsycholoog Bandura. Hij liet kinderen getuige zijn van agressieve handelingen door volwassenen en keek vervolgens hoe de kinderen zich in eenzelfde situatie gingen gedragen. Om een lang verhaal kort te maken: slecht voorbeeld deed absoluut slecht volgen. De praktische relevantie is meteen duidelijk: kinderen die agressief gedrag bij hun ouders zien, gaan dat zelf ook vertonen. Het is dus irrationeel om alle schuld op de media te schuiven, ouders hebben ook hier heel duidelijk een eigen verantwoordelijkheid door hun voorbeeldfunctie.

2.12 • PROBLEMEN MET SEKSUALITEIT

Sonja is nu zeventien jaar en vertelt aan haar psycholoog over haar seksuele ervaringen: 'Eigenlijk was het allemaal heel raar. In mijn klas, de eerste klas van de middelbare school, gingen de meeste meisjes al met jongens naar bed. Ik dus ook maar, want anders hoorde ik er niet bij. Ik was ook bang dat de jongens mij een saaie trut zouden vinden. Ik weet nog heel goed dat ik al die handelingen verrichtte zonder er iets bij te voelen. Zelfs dat zo'n jongen in mij zat, zei me helemaal niks. Zo is me de seks van die tijd altijd bijgebleven: als het verrichten van bepaalde handelingen, waar ik verder eigenlijk helemaal niks bij voelde. Als ik heel eerlijk ben, moet ik zeggen dat ik er toen eigenlijk helemaal niks aan vond. Nu ben ik zeventien en heb ik weer een vriend. We gaan ook met elkaar naar bed en zo. Maar nu is het allemaal heel anders, ik geef om die jongen en voel wel van alles. Het is allemaal heel anders nu, veel fijner.'

Als je de verschillende onderzoeken naar seksualiteit onder de jeugd van de laatste twintig jaar naast elkaar legt, dan blijken jongeren steeds vroeger met elkaar naar bed te gaan. In de jaren 1960 lag de gemiddelde leeftijd waarop voor het eerst seks plaatsvond nog op ongeveer negentien jaar, nu hebben de meeste jongeren rond de zeventien jaar de eerste seksuele ervaring achter zich. Seksuele normen en waarden zijn kennelijk erg onderhevig aan tijdsbeelden en maatschappelijke ontwikkelingen. De vraag is natuurlijk of die ontwikkelingen altijd in het voordeel van de desbetreffende jeugd werken. Worden ze er beter van als ze vroeger met elkaar naar bed gaan? Verrijkt het hun leven en beleven? Lopen ze het risico dat ze emotioneel afstompen omdat seks als zodanig hen niets meer zegt? Moeilijke vragen, die een genuanceerd antwoord nodig hebben.
Volgens cijfers uit *Kleine ontwikkelingspsychologie, deel 3* van Rita Kohnstamm[6] het volgende. Negentig procent van de jongeren zegt er niet meer dan één seksuele partner per jaar op na te houden. 'Dicht bij el-

---

[6] Rita Kohnstamm, 2004. *Kleine ontwikkelingspsychologie, deel 3*. Houten: Bohn Stafleu van Loghum.

kaar zijn' is de meest gerapporteerde reden om met elkaar naar bed te gaan. Het gaat hier om jongeren van elf tot zeventien jaar. Tongzoenen doet ongeveer 64 procent van de jongeren voor het eerst rond hun dertiende jaar. Strelen doet vijftig procent voor het eerst rond hun veertiende jaar. Als ze veertien jaar zijn, wordt er voor het eerst gevingerd door 32 procent. Op hun vijftiende jaar heeft bijna 25 procent van de onderzochte jongeren voor de eerste keer gemeenschap gehad. Op hun zestiende jaar heeft 35 procent van de jongens en meisjes hun eerste ervaringen met gemeenschap gehad. Gemiddeld hebben jongeren hun eerste seksuele ervaring als ze ruim zeventien jaar zijn. De afgelopen twintig jaar blijken jongeren steeds vroeger met elkaar seks te hebben.

Is het dus een probleem als jongeren al op zeer jeugdige leeftijd (voor hun vijftiende jaar) met elkaar naar bed gaan? Sonja ondervond nadelen van vroege seks. Een kind kan op de leeftijd van een jaar of twaalf in emotioneel opzicht nog helemaal niet toe zijn aan seks. Het doet maar wat om de ander – meestal een paar jaar oudere partner – te plezieren. Uitzonderingen zijn natuurlijk mogelijk, maar in zijn algemeenheid lijkt gemeenschap voor het vijftiende jaar niet echt in het belang van je kind.

De voorloper van 'echte' seks is bijna altijd masturbatie (zelfbevrediging). Als we de relevante literatuur en de media moeten geloven, zou de tolerantie jegens dit natuurlijke verschijnsel de laatste jaren enorm zijn toegenomen. In principe hoeven we er dus niet meer van op te kijken als we erachter komen dat onze kinderen aan masturbatie doen. Het taboe zou zijn opgeheven. In werkelijkheid is masturbatie in de meeste gezinnen een onderwerp waarover ouders en kind vrijwel geen open communicatie hebben. Eigenlijk is dat niet zo erg, kinderen hebben ook recht op privé-ervaringen. (In mijn spreekkamer kwam een moeder die erop stond elke avond een schoon doekje naast het kussen van haar zeventienjarige zoon te leggen. Zij vond dat heel gewoon. Haar zoon en ik niet.)
Een ander verhaal wordt het wanneer blijkt dat het kind ernstig gebukt gaat onder het feit dat het masturbeert of wanneer zou blijken dat masturbatie de enige vorm van seksuele behoefte is. Om met het eerste te beginnen: nog steeds gaat masturbatie bij veel jongeren gepaard met gevoelens van schuld en schaamte. Enerzijds heeft dit te maken met de restanten van het Rijke Roomse Leven (masturbatie is een zonde), anderzijds ook met het besef dat masturbatie 'niet het echte werk' is. Masturbatie als enige vorm van seks lijkt tegenwoordig meer en meer voor

te komen. Betrouwbare onderzoeksgegevens zijn niet voorhanden, maar duidelijk lijkt dat het internet hierbij een grote rol heeft gespeeld: seks is door de kabel (en telefoon) veel sneller en anoniemer toegankelijk geworden. Recentelijk duiken steeds vaker verhalen op over jongeren en ouderen die 'seksverslaafd' zouden zijn. Vrijwel de gehele dagelijkse routine staat in het teken van de seks, vaak op een dwangmatige – dus zeker niet aangename – manier.

De feitelijke frequentie van masturberen hangt af van de behoefte. Jongens blijken over het algemeen eerder en vaker te masturberen dan meisjes. Schrik er als ouder niet van dat jongens het enkele keren per dag kunnen doen, zeker als ze het kunstje net hebben ontdekt. Een niet-beladen, niet-beschuldigende houding, waarbij je als ouder laat merken dat dit soort zaken er 'gewoon' bij horen, is in de meeste gevallen de beste.

Veel homoseksuele jongeren durven in onze huidige tijd nog steeds niet voor hun geaardheid uit te komen, bang als ze zijn door de groep te worden uitgestoten. Bekend is dat veel jongeren onzeker zijn over hun seksuele geaardheid. Ze merken van zichzelf dat ze het eigenlijk wel fijn vinden om aangeraakt te worden, ook door personen van het eigen geslacht, en kunnen daardoor compleet in paniek raken. Bij jongens speelt dit sterker dan bij meisjes, omdat het in onze cultuur niet vreemd wordt gevonden als meisjes elkaar aanraken (hand in hand lopen, elkaars haar verzorgen enzovoort). Als ouder kun je niet anders dan de ontwikkelingen op dit gebied volgen. Probeer geen waardeoordeel te geven, laat staan een veroordeling. Als het kind een homoseksuele voorkeur blijkt te hebben, begeleid het daarin dan zoveel mogelijk op een ondersteunende manier. Naar alle waarschijnlijkheid heeft het kind het al moeilijk genoeg. Denk aan de risico's van het sociale isolement, een risico dat bij homoseksuele jongeren levensgroot aanwezig is.

iB's BIJ HET OMGAAN MET PROBLEMEN MET SEKSUALITEIT

Bij het omgaan met problemen met seksualiteit zijn de volgende iB's mogelijk:
- Seks is iets voor volwassenen, bij kinderen moet je het bestraffen (iB 3).
- Masturbatie is een teken van morele zwakte (iB 3).
- Homoseksualiteit is tegennatuurlijk en moet bestreden worden (iB 3).

Het is natuurlijk niet voor niets dat alledrie de voorbeelden van irrationele gedachten te maken hebben met iB 3. Want die iB heeft als geen

> Seks is iets voor volwassenen, bij kinderen moet je het bestraffen.

ander te maken met de slechtheid en straf. Twee begrippen die het in de context van seksualiteit altijd goed gedaan hebben, maar die daar eigenlijk helemaal niet thuishoren. De tijden zijn veranderd. Zo ook de zeden. Toch is het best moeilijk om je open en tolerant op te stellen tegenover verschijnselen die in je eigen jeugd als slecht, verdorven en ziek(makend) golden. Ga voor jezelf na of, en zo ja, in welke mate je gedrag gestuurd wordt door deze (of soortgelijke) irrationele uitgangspunten. Vervolgens gaat het erom dat je deze irrationele gedachten en uitgangspunten vervangt door rationele alternatieven. Neem hiervoor de hieronder uitgewerkte iB's als voorbeeld.

Men heeft inderdaad tot voor enkele decennia wel gedacht dat seks alleen voor volwassenen bestemd was. Een gedachte die ook vanuit de biologie slecht te verdedigen was, als je bedenkt dat vrouwen – meisjes dus – op hun zeventiende op de top van hun biologische kunnen zijn. Waarschijnlijk heeft de behoefte aan sociale orde in de hand gewerkt dat men in voorbije tijden geprobeerd heeft biologische processen aan leeftijdsbanden te leggen. Hoe het ook zij, het is irrationeel om te veronderstellen dat seks en seksualiteit zich laten beperken en inperken door een bepaalde leeftijdscategorie. Op een gegeven moment is een jongere daaraan toe.

Je kunt in zo'n geval het kind voorhouden dat het geen kwaad kan nog wat te wachten met bepaalde ervaringen, al was het alleen maar omdat er maar één eerste keer is. Dus laat die eerste keer dan in ieder geval een leuke gebeurtenis zijn, met een leuke partner. Voor veel jongeren is die eerste keer een trieste en troosteloze bedoening geweest. Het kind straffen voor zijn seksuele activiteiten is uit den boze. Je maakt op die manier seks voor het kind tot een zondige, schaamtevolle aangelegenheid. Bovendien loop je het risico dat het z'n hele leven niet in staat zal zijn op een normale, ontspannen manier te vrijen.

> Masturbatie is een teken van morele zwakte.

Dit moet menig vader die vroeger een goed christelijk jongetje is geweest, zeer bekend in de oren klinken. Jezelf aftrekken was zo ongeveer het ergste wat je als jonge jongen kon doen. Je bezweek dan voor de duivel, je werd blind en zou ten onder gaan aan ruggenmergkanker. Dit soort doemdenken zal tegenwoordig niet veel meer voorkomen, maar de restanten ervan doen hier en daar nog steeds hun werk. Terwijl het volstrekt achterhaald en irrationeel is om in masturbatie iets ongezonds of zwaks te zien. Integendeel. De hormonen spelen op en wat is er dan normaler dan dat die hormonen weer tot rust gebracht worden? Waarom zou dat via de weg van de 'ijzeren wil tot onthouding' moeten? Dat is niets meer of minder dan het kind kwellen, omdat door onthouding de drang alleen maar sterker wordt.

> Homoseksualiteit is tegennatuurlijk, en moet bestreden worden.

De houding ten opzichte van homoseksualiteit kunnen we op z'n minst enigszins tweeslachtig noemen. Op de eerste plaats omdat veel ouders weliswaar vinden dat jongeren ook homoseksueel moeten kunnen zijn, maar dan toch liefst de jongeren van een ander. Op de tweede plaats omdat de schijnbaar toegenomen tolerantie jegens homoseksualiteit alleen betrekking heeft op homoseksuele volwassenen. Homoseksuele jongeren zitten nog steeds in het verdomhoekje, hetgeen vaak leidt tot een homoseksuele subcultuur en dus algauw tot een sociaal isolement. In bepaalde, met name godsdienstige, groeperingen geldt homoseksualiteit nog steeds als tegennatuurlijk. Zo'n opvatting heeft al vele jongere en oudere homoseksuele mensen uitermate ongelukkig gemaakt.

Veel rationeler is het dan ook om mensen – jong en oud – in hun seksuele voorkeur vrij te laten, zolang zij anderen geen schade berokkenen met hun seksuele gedrag.

....

2.13 • EETSTOORNISSEN

Paula is gisteren zestien geworden. De hele familie is geweest. Haar moeder had de prachtige slagroomtaart zelf gemaakt met zestien kaarsjes erop. Paula heeft ze alle zestien in één adem uitgeblazen. Daarna werd de taart in stukjes verdeeld en kreeg iedereen zijn deel. Hij was overheerlijk, liet ook de jarige weten. Toen het hele gezelschap vervolgens met elkaar aan het roezemoezen ging, ging Paula even naar haar kamer. 'ff mijn e-mail checken,' zei ze. In werkelijkheid ging Paula naar boven naar het toilet om haar vinger in haar keel te steken. Ze moest dat stuk slagroomtaart koste wat kost kwijt, ze schatte het ook wel driehonderd calorieën. Nadat ze had overgegeven voelde ze zich een stuk beter, een stuk lichter leek het wel. Dat braken deed ze elke dag wel een paar keer en ze had daar zo'n routine in ontwikkeld dat niemand er ooit iets van merkte. Zoals niemand er trouwens ooit iets van gemerkt had dat ze al anderhalf jaar een ernstig eetprobleem heeft. Het was begonnen toen ze voor het eerst gezien had dat ze toch wel een beetje mollig was geworden. Het wat stakerige meisjeslichaam was er opeens heel anders gaan uitzien toen: dikker en voller. Zomaar, eigenlijk in een paar maanden tijd. Vreselijk had ze dat gevonden. Een vriendin van haar had in die tijd hetzelfde probleem, en die had haar deze oplossing aan de hand gedaan. Zo kan ze voor haar idee een beetje maat houden, hoewel ze zichzelf nog steeds aan de dikke kant vindt.

....

Paula zit zwaarder in de problemen dan ze misschien zelf beseft. Want ze weet weliswaar dat er iets niet in de haak is met haar eetgedrag of vooral haar braakgedrag, maar ze is totaal niet in staat haar probleem aan te pakken of te controleren. Voor haar gevoel is ze een willoos slachtoffer van haar onbeheersbare, dwangmatige calorieobsessie. Zoals Paula zijn er tegenwoordig veel jongeren, met name meisjes. Ze lijden aan een eetstoornis, hoewel zo'n stoornis eerder een gevolg is dan een oorzaak. De twee meest voorkomende eetstoornissen zijn anorexia nervosa en boulimia nervosa. Beide stoornissen komen vaak in combinatie voor. Bij anorexie hongert de betrokkene in extreme mate. Het gewone lijnen heeft hier dus niets mee uit te staan, hoewel onschuldig lijnen wel degelijk uit de hand kan lopen en kan ontaarden in anorexie. Probleem is vaak dat je niet duidelijk kunt aangeven waar lijnen ophoudt en anorexie begint. Bij boulimie heeft de betrokkene last van vreetbuien, waarbij deze vervolgens probeert door braken, laxeermiddelen óf beide methoden de voedingstoffen zo snel mogelijk weer kwijt te raken. Boulimie valt in de regel veel minder snel op dan anorexie, omdat mensen met boulimie toch altijd wel in een bepaalde mate voeding binnenkrijgen. Ze blijven er dus langer 'normaal' uitzien. De in de literatuur genoemde oorzaken voor eetstoornissen zijn:
– Een uit de hand gelopen lijnkuur. Een van de meest verraderlijke risico's van eetstoornissen is het overmatig lijnen. Jongeren worden via allerlei kanalen (televisie, internet, bladen) opgefokt om er op een bepaalde, ideale manier uit te zien. Het gaat daarbij allang niet meer

om het na-apen van filmsterren of popidolen, maar veeleer om de dwingende norm die de groep stelt: alleen met die kleding, met dat postuur, met zo'n haardracht hoor je erbij, anders ben je een zielenpoot.
- Een hekel hebben aan het eigen lichaam. Als dat lichaam er niet uitziet zoals bij de meiden op de muziekzender TMF, en als je omgeving daar ook nog eens regelmatig akelige opmerkingen over maakt, dan is de kans groot dat je zelf ook een hekel krijgt aan je lichaam. Denk in dit verband aan het dramatische verhaal van Karen Carpenter, een succesvolle zangeres. Eén opmerking over haar (ietwat ruime) achterste, gemaakt door een journalist, was voldoende om haar via anorexie de dood in te jagen.
- Fixatie en regressie als oorzaken van een eetstoornis. Bij 'Lastige peuters' is besproken dat het voor een kind soms erg verleidelijk kan zijn om zich niet verder te ontwikkelen (fixatie). Iets dergelijks zou aan de hand kunnen zijn bij bepaalde gevallen van anorexie. Door niet te eten voorkomt het jonge meisje dat het vrouw wordt. In bepaalde gevallen kan dit heel erg lonend zijn, bijvoorbeeld als ze gewend is als 'lief klein ding' door iedereen vreselijk verwend te worden. In andere gevallen, als het jonge meisje merkt dat vrouw zijn eigenlijk helemaal niet zo leuk is, kan het betekenen terugkeren naar een eerdere fase en weer 'kind' willen zijn (regressie). Denk aan alle angsten en onzekerheden waar veel meiden mee te kampen krijgen: val ik in de smaak? Ben ik wel mooi genoeg? Zal ik wel een vriendje krijgen? Hoe moet dat straks met seks?
- Een verstoord lichaamsbeeld. In de literatuur lopen hier oorzaak en gevolg door elkaar: wat was er eerst? Een verstoorde waarneming van het eigen lichaam – meisjes met anorexie zien overal vet, zelfs op hun skeletachtige handen – of raakt de waarneming verstoord ten gevolge van het hongeren? Wellicht een academische discussie.

Het moge duidelijk zijn dat er meerdere factoren tegelijk werkzaam kunnen zijn. Wat de oorzaak ook is, feit blijft dat een eetstoornis levensbedreigende vormen kan aannemen. Een vorm van therapie is dus aangewezen. Maar in therapieland zijn de cliënten met een eetstoornis inmiddels berucht, omdat de behandeling zelden of nooit vlot verloopt. Dit heeft waarschijnlijk alles te maken met het gegeven dat een eetstoornis bijna altijd zelf ook weer een gevolg is van allerlei andere problemen: een negatief zelfbeeld, een gebrek aan zelfvertrouwen en/of traumatische ervaringen in de jeugd (seksueel misbruik).

Bij het omgaan met eetstoornissen zijn de volgende iB's mogelijk:
– Als mijn kind niet eet, eet ik ook niet (iB 4, iB 10).
– Ik laat me niet chanteren door zo'n moeilijk kind (iB 3).
– Ik laat mijn kind zoveel eten als het wil, dat ziet er zo lekker gezond uit (iB 7).

Er zijn de laatste jaren ontzettend veel boeken volgeschreven over hoe je als ouder het best met een eetstoornis van je kind kunt omgaan. Gemeenschappelijk kenmerk van veel van deze boeken is de nadruk die ze leggen op het oefenen van geduld. Kinderen met een eetstoornis zijn in de regel niet de gemakkelijkste. Het risico is groot dat je als ouder uit angst, bezorgdheid of zelfs irritatie de moed en je geduld verliest. Om dit tegen te gaan, kan de RET heel nuttig zijn. Veel irritaties worden namelijk veroorzaakt door irrationele ideeën. Ga voor jezelf na of, en zo ja, in welke mate je gedrag gestuurd wordt door deze (of soortgelijke) irrationele uitgangspunten. Vervolgens gaat het erom dat je deze irrationele gedachten en uitgangspunten vervangt door rationele alternatieven. Neem hiervoor de hieronder uitgewerkte iB's als voorbeeld.

> Als mijn kind niet eet, eet ik ook niet.

Voor alle duidelijkheid: het gaat bij dit iB natuurlijk om een vorm van dwang. Begrijpelijk en goedbedoeld, maar erg ineffectief. Eten en dwang gaan niet samen, omdat eten daardoor alleen maar meer gaat tegenstaan. Vergeet ook niet dat door zelf niet te eten, je kind zich enorm schuldig kan voelen en een nog grotere hekel aan zichzelf kan krijgen. Eetstoornissen zijn vaak juist het gevolg van een extreem negatief zelfbeeld, en dat is het laatste wat je wilt bereiken. Een ander, veel voorkomend bijeffect is dat ouders en kind op deze manier in een machtsstrijd verzeild raken die alleen maar verliezers zal opleveren.

Veel rationeler is het dan ook deze valkuilen te vermijden en je te realiseren dat er sprake is van een ernstige crisis in de ontwikkeling van het kind. Probeer je dat te blijven realiseren, ook al haalt het kind met zijn eetgedrag het bloed onder je nagels vandaan. Realiseer je dat het je eigen angst en bezorgdheid is die je zo opfokken: je wilt het beste voor het kind, en je moet in feite toekijken hoe het zich te gronde richt. Dat is ook verschrikkelijk om aan te zien. Probeer daarom het hoofd koel te houden en je zo normaal mogelijk te gedragen, dat is ook het beste voor het kind. Blijf gewoon koken, blijf gewoon eten en blijf vooral praten.

> Ik laat me niet chanteren door zo'n moeilijk kind.

Ga echter niet mee in allerlei vetheidsfantasieën, blijf met beide benen op de grond. Als het kind zegt dat het zo dik en vet is, zeg dan iets in de trant van: alleen in jouw ogen, niet in de mijne.

Ouders die zo denken, zijn al een bepaalde grens gepasseerd. Ze vatten de eetproblematiek kennelijk op als een machtsstrijd, waarbij het erom gaat wie aan wie zijn wil kan opleggen. Dit is een situatie die je op alle mogelijke manieren moet zien te voorkomen, omdat je als ouder altijd zult verliezen. Zelfs als je erin zou slagen om je kind op deze manier aan het eten te krijgen, dan kun je er vergif op innemen dat de strijd op een ander vlak voortgezet zal worden.

Veel rationeler is het om je te realiseren dat een eetstoornis helemaal geen persoonlijke aanval op jou als ouder hoeft te zijn. Er kunnen problemen spelen waar je in feite part noch deel aan hebt. Probeer dus liever eerst te achterhalen of je kind door middel van een eetstoornis met jou een rekening aan het vereffenen is of met zichzelf aan het vechten is. Is dit laatste het geval, probeer het dan zo goed mogelijk te ondersteunen. Probeer het kind zover te krijgen (niet dwingen dus) dat het gaat praten over de achterliggende oorzaak van de eetstoornis, dus over het werkelijke probleem. Dat is vaak een heel ingewikkelde kwestie, omdat bij dit soort aandoeningen oorzaak en gevolg door elkaar gaan lopen.

De kranten staan vol van maatregelen tegen de toenemende vraatzucht van de Nederlandse jeugd. Ook de televisie laat voortdurend beelden zien van moddervette jongeren die zich op het schoolplein staan vol te proppen met gevulde koeken, candybars en frikadellen speciaal. Gezond ziet er dat zeer zeker niet uit.

Jaren geleden kon je veel moeders inderdaad horen zeggen dat ze van mollige baby's hielden, omdat ze er dan zo lekker gezond – 'weldoorvoed' was de term – uitzien. Inmiddels weten we beter. Overgewicht kan leiden tot allerlei ziekten bij de jeugd (ouderdomssuiker nota bene!) en naar het schijnt tot een korter leven.

> Ik laat mijn kind zoveel eten als het wil, dat ziet er zo lekker gezond uit.

Het is dus irrationeel om je kind lekker veel te laten eten, want dan gaat het vanzelf steeds meer eten. Het raakt gewend aan een grote voedselinname en zal voortdurend honger hebben.

Veel rationeler is het dan ook om je kind van jongs af bij te brengen dat het bij eten niet zozeer gaat om de kwantiteit als wel de kwaliteit van het voedsel. Leer het kind maat te houden: genoeg is genoeg.

Aangezien eetstoornissen heel beangstigende aandoeningen zijn, moet je alle steun zien te krijgen die je kunt. Zoek contact met mensen die in dezelfde positie verkeren. Kijk ook eens op het internet: type bij Google 'eetstoornissen' in en je vindt een grote hoeveelheid inhoudelijke informatie over eetstoornissen, maar ook veel adressen van lotgenoten en hulpverlenende instanties.

....

2.14 • ALCOHOL- EN DRUGSGEBRUIK

Het lijkt allemaal zo'n vaart niet te lopen met Hans: elke week een paar blowtjes 's avonds voor het slapengaan. Of soms als hij met de jongens op stap gaat. Meer niet. Gewoon om wat rustiger te worden, zegt hij. Niks aan de hand. Van harddrugs moet hij overigens niks hebben, want daar ga je aan kapot, zegt hij ook. Hans blowt al jaren en hij maakt zichzelf nog steeds wijs dat het allemaal geen kwaad kan. Hij heeft niet in de gaten dat hij steeds apathischer en inactiever is geworden en dat hij eigenlijk nog maar in een heel klein wereldje leeft: de lokale koffieshop. Daar zitten zijn maten met wie hij ervaringen uitwisselt over de kwaliteit van de wiet van tegenwoordig. Erg veel andere interesses heeft Hans eigenlijk niet meer. Meisjes doen hem niet zoveel, seks eigenlijk ook niet. Ook de school vindt hij maar matig en hij heeft er ook helemaal geen zin in om zich druk te maken om de toekomst. Want we leven toch in een fucking klotemaatschappij. De ouders van Hans staan machteloos, ze hebben alle grip op hem verloren. Ook de schoolleiding zit met de handen in het haar, want Hans is lang niet de enige leerling die zijn ... aan de wilgen heeft gehangen.

....

Een stereotiep, achterhaald verhaal, dit verhaal van Hans? Vergeet het maar. Psychologen en psychiaters kunnen je vertellen dat het aantal jongeren dat door de zogenoemde softdrugs en/of alcohol de mist in gaat, de laatste tien jaar schrikbarend is toegenomen. De erbarmelijke voorlichting, met name als het om drugs gaat, is hier zeker debet aan. Houd voor de aardigheid de berichtgevingen erover gedurende één jaar bij. Je zult zien dat om de paar maanden onderzoeksresultaten worden gepubliceerd die elkaar volkomen tegenspreken. Dat komt vooral omdat de onderzoekers voortdurend appels met peren blijven vergelijken. Ze kijken vrijwel alleen naar lichamelijke effecten. Voor alle duidelijkheid: softdrugs kunnen lichamelijk inderdaad geen kwaad. Psychisch des te meer. Langdurig gebruik – jarenlang, enkele malen per dag, of zelfs per week – leidt tot karakterveranderingen, zoals elke chronische gebruiker onmiddellijk zelf toegeeft. Je wordt er sloom, apathisch en uitermate inactief van. Je komt tot niets meer, je vlakt qua persoonlijkheid steeds verder af. De narigheid is dat deze effecten pas na verloop van enkele jaren, en dan nog zeer geleidelijk optreden. Risicoloos blowen betekent een paar keer per maand. Niet meer dan dat.[7]

Te veel alcohol is lichamelijk natuurlijk schadelijk en ook heel duidelijk waarneembaar. De overheid zegt er alles aan te doen om het overmatig drankgebruik bij jongeren tegen te gaan, maar wie in het weekend eens een kijkje neemt in een willekeurige kroeg moet constateren dat daar bar weinig van terechtkomt. Hier ligt primair een taak voor de ouders en secundair voor de overheid of de school.

Het gebruik van pillen (XTC) neemt hand over hand toe, al is het iets veiliger geworden door de vele controles. Labiele, onzekere jongeren lopen echter een extra psychisch risico, omdat ze door zo'n pil juist 'over het randje' geduwd kunnen worden. Ze kunnen dan gedesoriënteerd raken en zelfs in een psychose terechtkomen. Dat wil zeggen dat ze voor kortere of langere tijd het contact met de realiteit kunnen verliezen. Een erg beangstigende ervaring, voor alle betrokkenen.

Cocaïne wordt tegenwoordig steeds vaker gebruikt als middel tegen alcohol. Cocaïne schijnt als bijwerking het gevoel van dronken zijn te verminderen dan wel op te heffen. Steeds meer jongeren gebruiken cocaïne om langer en meer te kunnen drinken. (Als ik ze in de spreekkamer vraag wat daarvan de lol is, krijg ik steeds hetzelfde antwoord: 'Eigenlijk geen enkele, het is grote onzin, maar het staat wel stoer.' Ook hier zien we dus weer de schadelijke werking van de groepsdruk.)

IB'S BIJ HET OMGAAN MET ALCOHOL- EN DRUGSGEBRUIK

Bij het omgaan met alcohol- en drugsgebruik zijn de volgende iB's mogelijk:

---

[7] Het gaat hier natuurlijk niet over het medicinaal gebruik van softdrugs, bijvoorbeeld bij de pijnbestrijding.

- Ik moet mijn kind straffen voor zijn drugs- of alcoholgebruik (iB 3).
- Mijn kind is een zwakkeling omdat het alcohol/drugs gebruikt (iB 3).
- Ik laat mijn kind vrij experimenteren, dat hoort bij deze tijd (iB 7).
- Mijn kind gebruikt omdat ik een slechte ouder (of gescheiden!) ben (iB 2).
- Ik moet mijn kind tot het einde toe volgen, waar het ook gaat (iB 10).

Het is verschrikkelijk om te moeten aanzien hoe je kind dingen doet waarvan je zeker weet dat het er niet beter van wordt. We kwamen dat al tegen bij de paragraaf over de eetstoornissen, we komen dat in nog veel heviger mate tegen bij het gebruik van alcohol en drugs. Verslavingen zijn altijd moeilijk aan te pakken, zo moeilijk zelfs dat veel eerstelijnshulpverleners (artsen, psychiaters en psychologen) er niet eens meer aan beginnen. Een verslaving is dan ook typisch iets wat je met alle mogelijke middelen moet zien te voorkomen. Een goede voorlichting is daarbij van het grootste belang. Ook een regelmatige confrontatie met de realiteit van een verslaving kan preventief werken: laat je kinderen zien hoe verwoestend de werking van drugs en alcohol kan zijn. In elke stad zijn er voorbeelden te over. En natuurlijk zal je kind iets zeggen in de trant van: 'dat overkomt mij niet', maar je kunt er rustig van uitgaan dat die mensen daar op straat dat ook gezegd hebben. Ga voor jezelf na of, en zo ja, in welke mate je gedrag gestuurd wordt door deze (of soortgelijke) irrationele uitgangspunten. Vervolgens gaat het erom dat je deze irrationele gedachten en uitgangspunten vervangt door rationele alternatieven. Neem hiervoor de hieronder uitgewerkte iB's als voorbeeld.

> Ik moet mijn kind straffen voor zijn drugs- of alcoholgebruik.

In de psychotherapie heeft men bij 'misbruik van middelen' lange tijd zogenaamde aversietherapieën toegepast. In het kort komt dit soort therapieën erop neer dat iemand door middel van een bepaald soort misselijkmakende pillen 'bestraft' wordt na het gebruik van – met name – alcohol. De resultaten van dit soort methodes vallen vaak erg tegen. Je maakt er mensen bang mee, met als gevolg dat ze de angst weer weg gaan drinken of blowen. Er zijn de laatste jaren ook allerlei 'zuchtremmende' middelen op de markt gebracht die de aandrang om drugs en drank te gebruiken zouden verminderen. Ook daar zijn zeer tegenvallende resultaten. De bestrijding van alcohol- en drugsmisbruik moet op een andere, veel meer omvattende manier gebeuren. Als het kind veel drinkt of blowt, is het ervan overtuigd geraakt dat het leven alleen maar 'te hebben' is als je voldoende van die rommel in je lijf hebt. Dat is ook logisch, want iemand die verslaafd is geraakt, voelt zich zonder die stoffen ook echt ziek, depressief en wanhopig. Straf werkt in zo'n geval averechts, omdat het de spanningen alleen maar vergroot en daarmee ook de neiging om te gebruiken.

Veel rationeler is het dan ook dat je het kind zover ziet te krijgen dat het de strijd wil aangaan om weer clean te worden. Dat zal alleen kunnen lukken als daar een aantrekkelijk alternatief tegenover staat. Benadruk tegenover je kind dus de enorme vrijheid die het weer zal ervaren als het los is gekomen van die verslavende troep. Eenmaal afgekickt wordt de wereld weer honderd keer groter, de mogelijkheden duizendmaal meer. Wees heel realistisch over het afkickproces: lichamelijk duurt dat hooguit een week, psychisch moet je daar minstens een jaar voor uittrekken. Stoppen met blowen of drinken betekent vaak helemaal opnieuw moeten leren leven en lachen. Nogmaals: straf hoort daar niet bij, daar krijg je niemand mee aan het lachen. En houd het kind ook voor dat iedereen kan afkicken, hoe lang hij ook gebruikt of gedronken heeft. De grootste vijand daarbij is de irrationele gedachte dat dit niet meer mogelijk zou zijn.

Het is maar de vraag of het gebruik van alcohol en drugs altijd verwijst naar een 'zwakke persoonlijkheid', of 'emotionele labiliteit'. Verslaving is in heel veel gevallen het gevolg van uit de hand gelopen experimenten, groepsdruk (stoer doen), en vooral: een enorme onderschatting van de gevaren. 'Ik dacht dat ik het onder controle had' is een van de meest gehoorde uitspraken. Het is om nog een andere reden irrationeel om je kind als zwak en labiel te beschouwen. Je geeft het daarmee alleen maar de boodschap dat je er eigenlijk helemaal geen vertrouwen in hebt dat het dit probleem te boven kan komen.

> Mijn kind is een zwakkeling omdat het alcohol/drugs gebruikt.

Veel rationeler is het dan ook om als ouder een houding aan te nemen van onvoorwaardelijke loyaliteit: we gaan dit probleem oplossen, koste wat het kost. Een heel belangrijke tip hierbij: probeer je kind los te weken van de gebruikersgroep waartoe het behoort. Praat daarover met de andere ouders die ook in het schip zitten. Trek één lijn.

> Ik laat mijn kind vrij experimenteren, dat hoort bij deze tijd.

> Mijn kind gebruikt omdat ik een slechte ouder (of gescheiden) ben.

Een houding als deze is misschien goedbedoeld, maar munt uit in naïviteit. De drugs die vandaag de dag op de markt zijn, zijn van een dusdanige 'kwaliteit' dat het allang niet meer gaat om relatief onschuldige stoffen. Misschien heb je vroeger in je jeugd zelf ook wel eens een blowtje gemaakt (of zelfs vaker), maar de hasj en wiet van vroeger is kinderspel vergeleken met de spullen van nu. Denk bijvoorbeeld ook aan de breezers van tegenwoordig: mierzoet (snoepachtig dus), maar wel met een bepaald percentage rum, wodka of gin. Op die manier worden jongeren spelenderwijs gewend gemaakt aan 'harde' alcohol. Niks geen experimenten dus, je laat je kinderen toch ook niet experimenteren met andere gifstoffen?

Nogmaals: veel narigheid bij jongeren wordt veroorzaakt door factoren waar je als ouder weinig of niets aan kunt doen. Kinderen (pubers) gaan tegenwoordig steeds meer en steeds vroeger hun eigen weg. Je kunt niet alles blijven controleren. Denk aan de vele massale jeugdvakanties naar de bekende plaatsen in Spanje en Turkije. Vaak ontaarden dergelijke uitstapjes in enorme zuip- en drugspartijen. Als ouder doe je daar weinig tegen, je kunt je kind alleen waarschuwen voor de gevaren. Veel gescheiden (alleenstaande) ouders hebben een sterke neiging er zichzelf de schuld van te geven als het niet goed gaat met hun kind. En natuurlijk is het maar al te vaak zo dat kinderen schade ondervinden van een scheiding. Vaak worden ze voor onmogelijke keuzes geplaatst, en moeten ze op twee plaatsen tegelijk leven. Als ze bij de één zijn, missen ze de ander en omgekeerd. Logisch dat je de moeilijkheden van je kind op jezelf betrekt. Maar ook in geval van een scheiding dien je je af te vragen of je alles in het werk hebt gesteld om deze te voorkomen. Soms kan het gewoon niet anders dan dat je uit elkaar gaat. Eventuele schuldgevoelens maken in ieder geval ook duidelijk dat je je rol als opvoeder serieus neemt en dat je oprecht begaan bent met het wel en wee van je kind(eren). Ik kom daar in de laatste paragraaf van dit hoofdstuk nog uitvoeriger op terug.

Veel rationeler is het om, als je merkt dat je kind in de problemen zit, een zo eerlijk mogelijk zelfonderzoek te doen. Ga na of je belangrijke zaken hebt laten liggen in de opvoeding. Ga na of je naar vermogen aandacht hebt gegeven, warmte en ondersteuning. Als je dergelijke vragen in alle eerlijkheid met 'ja' kunt beantwoorden, dan is het dus irrationeel om de schuld van de problemen naar je toe te trekken. Veel rationeler is het om op een heel praktische manier na te gaan wat er gedaan kan worden.

Dit is een van de meest nare momenten in de hulpverlening: als je ouders van een verslaafd kind moet vertellen dat ze zich moeten losmaken van dit kind. In een aantal gevallen – meestal van vergaande heroïneverslaving – kun je niet anders dan tegen de ouders zeggen dat ze aan zichzelf moeten gaan denken, of aan de andere kinderen van het gezin. Want, zo hard en onbarmhartig als het ook moge klinken, beter één kind verloren dan een heel gezin. Natuurlijk, het is verschrikkelijk als je als ouder moet constateren dat je kind helemaal is weggezakt in een poel van harddrugs en criminaliteit. Of als je elke dag onder het bed van je kind 36 lege bierblikjes aantreft. Maar van een zo ver gevorderde verslaving win je het niet meer met woorden. Alleen een gedwongen manier van afkicken kan hier redding brengen. Zo'n ingrijpende maatregel heeft echter alleen zin als de afkickperiode op zijn minst twee jaar beslaat en er een zinvol alternatief leven geboden kan worden aan de verslaafde jongere. In de praktijk betekent dit in de meeste gevallen een grondige heroriëntatie op het leven. Inderdaad: RE(d)T je kind! Laat ze desnoods deze paragrafen lezen.

> Ik moet mijn kind tot het einde toe volgen, waar het ook gaat.

2.15 • VERSLAAFD AAN DE COMPUTER EN HET MOBIELTJE (SMS, MSN, NINTENDO-DS EN COMPUTERSPELLETJES)

Claudette (16) is altijd al een handig meisje met computers geweest, vooral als het gaat om spelletjes waarmee flinke prijzen te winnen zijn. Het aardige aan dit verhaal is dat ze er ook vrijwel altijd in slaagt die prijzen te winnen: ze heeft bepaalde trucs bedacht waarmee ze zeer hoog kan scoren. Minder leuk is dat ze met deze grappenmakerij toch uren per dag bezig is, al is het alleen maar om voortdurend te controleren of haar score nog wel boven aan de lijst staat.

Haar vader heeft aanvankelijk niet in de gaten welke vormen deze 'spelletjes' inmiddels hebben aangenomen. Sterker nog, hij 'bestelt' bij zijn dochter een nieuwe iPod, of een digitale camera. Die ze dus ook steeds voor hem weet te winnen, net als alle andere interessante prijzen. Het leek allemaal zo leuk en onschuldig.

Pas na een jaar krijgt hij in de gaten hoe het leven van Claudette er wérkelijk uitziet: veel lesuren worden gemist om de scores te controleren. Indien iemand anders er via nieuwere trucjes in geslaagd was om toch nog hoger dan Claudette te scoren, dan moest alles wijken en rustte ze niet voordat ze weer boven aan de lijst stond. Gemiste lesuren zijn complete lesdagen geworden. Slaagt ze er niet in om de hoogste score te behalen, dan is ze in huis en op school niet meer te genieten. Ze eet dan niet meer goed, maakt veel ruzie, of sluit zich juist helemaal af van haar omgeving. Ze wil niet meer naar vriendinnen en als ze daartoe gedwongen wordt, dan alleen maar naar vriendinnen die een eigen computer hebben, zodat ze daar verder kan spelen. Iets waar die vriendinnen natuurlijk binnen de kortste keren genoeg van krijgen. Als vader dreigt de computer af te sluiten, wordt ze razend en raakt ze volkomen in paniek. De conclusie kan niet anders zijn dan dat Claudette fors verslaafd is geraakt aan computerspelletjes. Bij deze verslaving ging het er vooral om anderen te verslaan. Nog veel vaker raken kinderen aan computerspelletjes verslaafd om vooral zichzelf te verslaan: het moet steeds beter of sneller.

Een ander voorbeeld betreft Laura, de iets oudere zus van Claudette. Zij maakt er helemaal een potje van. Tot drie of vier uur in de ochtend zit ze te msn'en met vriendinnen en vrienden, alle dagen van de week. Als ze op vakantie gaat, zoekt ze eerst uit of er wel een internetpunt in de buurt is van de camping. Haar hele sociale leven wordt bepaald door wat er zich op het internet afspeelt: wie is er 'vriend' van wie, wie heeft er contact met wie, tot hoeveel groepen kan ze behoren, wie heeft er de meeste vrienden, de meeste groepen? Ook bij Laura is het klein begonnen: eerst elke dag, voor de lol, een halfuurtje op msn. Geleidelijk aan steeds meer en vaker, totdat een leven zonder msn ondenkbaar is geworden. Als ze daarop wordt aangesproken, luidt steevast haar antwoord: 'Iedereen uit de klas doet het.'

....

In de inleiding van dit boek heb ik al gezegd dat niet alle wetenschappelijke vooruitgang zonder gevaren is. De razendsnelle ontwikkelingen op het gebied van de (tele)communicatiemiddelen zijn daar een voorbeeld van. Vrijwel elk huishouden beschikt tegenwoordig over één of meerdere computers. De vaste telefonie is vrijwel geheel vervangen door het mobieltje. Het lijkt er een beetje op dat kinderen zich aan al deze veranderingen makkelijker en sneller aanpassen dan volwassenen. In een aantal gevallen absoluut té gemakkelijk zoals uit bovenstaand waargebeurd voorbeeld blijkt.

Het grote probleem met dit soort verslavingen is dat ze zo onzichtbaar zijn: je merkt er als ouder of opvoeder in het begin niets van. Je kunt niet elk moment van de dag naar de studeerkamer van je kinderen lopen om te controleren of ze hun computer wel voor school aan het gebruiken zijn. En de meeste kinderen van tegenwoordig weten veel beter dan jij hoe je je 'geschiedenis' moet wissen op een computer. Daar komt nog bij dat al dat gecontroleer alleen maar stiekem gedrag in de hand werkt, en dan ben je nog veel verder van huis.

Denken we bij computerverslavingen ook aan sites als Hyves, de opvolger van msn. Op Hyves kun je namelijk 'vrienden' verzamelen (zoals de volwassenen dat onder het mom van 'professionaliteit' doen op LinkedIn). Hoe meer vrienden, des te populairder je bent. Met name voor de subassertieve, wat verlegen en onzekere kinderen een ware ramp. Er zijn al gevallen bekend van kinderen die zijn vastgelopen in het onderscheid maken tussen de werkelijke wereld en de zogenoemde virtuele wereld. Dit gevaar van realiteitsvervaging mag niet onderschat worden: kinderen die al een wat zwak ontwikkeld realiteitsbesef hebben, kunnen door de virtuele wereld van de computer erg in de war raken. Het gegeven dat de volwassenen de computer in toenemende mate antropomorfologiseren (tot een mens maken: 'De computer denkt, wil, doet,

weigert, heeft er vandaag geen zin in') doet er natuurlijk ook geen goed aan. Een ander probleem dat zich met Hyves en soortgelijke sites kan voordoen, is dat kinderen geen 'directe' feedback meer krijgen. Hun hele wereld speelt zich af op de computer, waardoor de directe en indirecte risico's niet meer zo zichtbaar zijn. Daardoor kan het gebeuren dat ze de gevolgen van hun openhartigheid niet meer kunnen overzien.
(Dit probleem kan zich overigens ook bij volwassenen voordoen: in 2009 vertelde een vrouw op Hyves openhartig over haar depressie. Toen ze later ging solliciteren wist het desbetreffende bedrijf veel meer over haar privéleven dan haar lief was: ze hadden haar eenvoudigweg even gehyved…)

Van mobiele telefoontjes is inmiddels ook duidelijk geworden dat die veel – vooral financiële – problemen kunnen veroorzaken. Rekeningen van honderden euro's per maand zijn beslist geen uitzondering. Wie tegenwoordig geen mobieltje heeft, wordt niet voor vol aangezien. Kinderen worden bovendien door de diverse maatschappijen dolgedraaid met allerlei aanbiedingen van abonnementen die hun vrijwel kosteloos bellen beloven, maar die in de praktijk toch altijd weer erg duur blijken

uit te vallen. Als er één categorie bedrijven is die precies weet hoe ze de belverslaving van kinderen in stand moet houden, is het wel de categorie van de telecombedrijven. Daar werken vast veel psychologen van het verkeerde soort. Terecht dat van overheidswege dan ook is ingegrepen tegen de regel van de stilzwijgende verlenging van contracten.
De verslaving van het mobiel bellen wordt vooral in gang gezet en in stand gehouden door het gemak ervan: kinderen hebben dat ding altijd onder handbereik en met de sneltoets is het contact met één druk op de knop gelegd. Bij de geringste aanleiding, of gewoon uit verveling of een gevoel van isolement, wordt er gebeld.
Een andere factor heeft te maken met de uitgestelde wijze van betalen: je krijgt de rekening letterlijk en figuurlijk achteraf. Prepaid bellen doet bijna niemand meer, want dat is door de telecommaffia uitermate onaantrekkelijk gemaakt.

iB's BIJ HET OMGAAN MET KINDEREN DIE VERSLAAFD ZIJN AAN DE NIEUWE TECHNOLOGIE

Als ouders en opvoeders te maken krijgen met een kind dat verslaafd is geraakt aan de computer of aan het mobiel telefoontje, dan doen ze er goed aan bedacht te zijn op de volgende iB's:
– Ik moet hard ingrijpen en mijn kind straffen voor zijn verslaving aan de computer (iB 3).
– Mijn kind is een zwakkeling, omdat het zich niet kan beheersen. Het moet daarvoor gestraft worden (iB 3).
– Het is de schuld van de (telecom)maatschappij, dat mijn kind er zo aan toe is. Ik kan er verder niets aan doen (iB 5).
– Het feit dat mijn kind verslaafd is geraakt aan die apparaten, is het bewijs dat ik als ouder niet deug (iB 2).
– Ik vind het onverdraaglijk dat een kind van mij zo diep is gezonken (iB 4).

Elke ouder die geconfronteerd wordt met een kind dat ergens aan verslaafd is geraakt, zit met de handen in het haar. Of het nu gaat om een verslaving aan alcohol, drugs, computerspelletjes of aandacht, ze zijn allemaal moeilijk te doorbreken of af te breken Zo'n proces kost veel tijd, geduld en inzicht. Vooral in de dynamiek van de desbetreffende verslaving: is er een tekort aan zelfvertrouwen, een tekort aan aandacht, speelt de groepsdruk een rol? Als je daar als ouder eenmaal zicht op hebt gekregen, dan pas kun je effectief te werk gaan. Als de groepsdruk bijvoorbeeld een centrale rol speelt, dan kun je niet anders dan het kind losweken uit de 'vriendenkring'. Lukt je dat niet, dan kun je het waarschijnlijk wel schudden. Ga in alle eerlijkheid ook na of je wel voldoende aandacht en de juiste aandacht aan je kind besteedt (de in het derde hoofdstuk opgenomen RET-test® kan je daarbij helpen). Kijken we nu even naar de uitgewerkte iB's.

> Ik moet hard ingrijpen en mijn kind straffen voor zijn verslaving aan de computer.

Straf doet als methode van opvoeding meer kwaad dan goed, en dat geldt met name als er sprake is van een verslaving. Zoals we in het gedeelte over alcohol- en drugsgebruik al hebben gezien, leidt straf alleen maar tot een onderdrukking van het ongewenste gedrag, terwijl de behoefte eraan alleen maar groter wordt. Stiekem gedrag is daarvan het gevolg. Bij alcohol- en drugsgebruik valt het kind meestal na verloop van tijd wel door de mand: je ziet het aan ze, je merkt het als ze gedronken en/of geblowd hebben. Verslavingen aan de computer of het mobieltje zijn helaas echter veel onzichtbaarder en kunnen daardoor lange tijd onopgemerkt blijven (er zijn zelfs kinderen die de rekening naar een ander adres laten sturen).

Maar als straf niet de manier is, wat dan? Zoals altijd bij ongewenst gedrag, is het veel rationeler – verstandiger – om het gewenste gedrag te belonen. Concreet betekent dit dat je het kind een compliment geeft wanneer het laat zien dat het de ongewenste gedragingen zelf probeert aan te pakken of te verminderen. Leg om dit te bereiken aan het kind zo goed mogelijk de dynamiek van het verslavingsgedrag uit: maak duidelijk dat het kind in zijn doen en laten steeds onvrijer wordt in plaats van vrijer. Wees niet te bang dat een kind zoiets niets begrijpt: elk kind dat ergens aan vastzit, voelt en weet op een bepaald moment dat het op de verkeerde weg zit. Het weet vaak alleen niet hoe het van die weg kan afkomen. Daarvoor is geduld en tijd nodig, bij alle betrokken partijen.

Zoals hierboven al gezegd, zal het bij een 'groepsmatige' verslaving vaak noodzakelijk zijn dat de desbetreffende groep uit elkaar wordt gehaald. Concreet betekent dit dat je als ouder moet uitzoeken wie er allemaal tot de groep behoren en wie de leiders van zo'n groep zijn. In overleg met de ouders van de andere kinderen zou je een plan kunnen opstellen om de groepscontacten tijdelijk stil te leggen, als een periode van ontwenning. Realiseer je bij dit alles dat een kind door het verbreken van die contacten in een leeg, zwart gat kan vallen. Het is dus zaak om een alternatief voorhanden te hebben. Maar dan wel een alternatief dat een kind van tegenwoordig aanspreekt. Elke avond fijn met het gezin mens-erger-je-nieten of monopoly'en zal voor de meeste kinderen geen soelaas bieden. Het klinkt misschien belerend en oubollig, maar beter zou het zijn als je er als ouder in zou slagen om werkelijk door te dringen in de (belevings)wereld van het kind: wat zijn de primaire behoeften, wat vinden ze het belangrijkst in hun leven? Er koste wat kost bijhoren? Indien dat zo is, is dat kind dan eenzaam, of onzeker, of allebei? En hoe staat het met het zelfbeeld en zelfvertrouwen van het kind? Hoe ervaart het kind zijn of haar uiterlijk? Is het kind voortdurend bezig zich te vergelijken met anderen (die dan natuurlijk alles beter kunnen, er beter uitzien en leukere vriendjes hebben)? Dit zijn allemaal factoren die ervoor kunnen zorgen dat het kind zich aangetrokken gaat voelen en zijn toevlucht gaat nemen tot die virtuele wereld van de computer, waar alles kan, zelfs het creëren van een andere persoonlijkheid in een andere leefwereld.

> Mijn kind is een zwakkeling, omdat het zich niet kan beheersen. Het moet daarvoor gestraft worden.

Een schijnwereld[8] inderdaad, maar wel eentje die je heel ver naar je hand kunt zetten. Iets wat in de werkelijke wereld niet gelukt is. Onderzoekers hebben er al voor gewaarschuwd dat de langetermijneffecten van zo'n virtuele wereld niet zijn in te schatten en dat we als ouders waarschijnlijk achter de feiten aanlopen. Als je als ouder wilt weten wat zo'n schijnwereld, vol van contacten, inhoudt, ga dan eens een paar weken op een willekeurige datingsite staan. Geweldige contacten, geweldige gesprekken, geweldige beloften, geweldige foto's en dus zeer verslavend. Tenminste, zolang de realiteit maar buiten beeld blijft. Want dan volgt in veel gevallen de harde ontnuchtering…

Uit het voorafgaande moge duidelijk zijn geworden dat het niet handig is om een kind dat verstrikt is geraakt in de netten van het internet 'zwak' te noemen. Vaak loopt een kind in de val omdat het de eventuele gevaren totaal niet heeft kunnen overzien. Verslavingen – ook die aan aandacht en contacten – ontwikkelen zich geleidelijk. Onwetendheid lijkt me dan ook een nauwkeurige term dan zwakte. Boosheid en straf is daarom niet op z'n plaats. Rationeler is het daarom begrip op te brengen voor de wijze waarop dit soort zaken verlopen. Rationeler is het om je kind te steunen in zijn pogingen om los te komen van deze dwingende behoefte aan contacten. En nogmaals, dat zal alleen maar kunnen lukken als je erin slaagt een effectief alternatief te bieden. Waarvoor het dus weer noodzakelijk is dat je zicht hebt op de werkelijke, diepere behoeften van je kind.

[8] Bijvoorbeeld het verschijnsel Second Life, een computerspel in de vorm van een virtuele wereld, waar al 320.000 Nederlanders aan meedoen.

> Het is de schuld van de (telecom)maatschappij, dat mijn kind er zo aan toe is. Ik kan er verder niets aan doen.

Deze houding is wel erg kortzichtig, gemakzuchtig en bovendien erg irrationeel. Want zelfs als de primaire schuld bij de telecommaatschappijen zou liggen, dan nog wil dat niet zeggen dat je als ouders niets zou kunnen doen om het probleem te verhelpen. Ik heb hiervoor al aangegeven wat je in ieder geval zou kunnen doen: je verdiepen in de leef- en belevingswereld van je kind, contacten leggen met andere ouders en proberen een alternatief te bieden aan je kind. Praat meer met je kind, ook al is dat in het begin moeilijk en moeizaam. Laat zien dat je oprecht bezorgd bent. Vermijd het om al te belerend over te komen, 'level' met je kind en praat over de eigen vergissingen en ervaringen die jijzelf als kind gehad hebt. In het gunstige geval schept dat – herstelt dat – de band.

Ik denk dat het in deze tijd erg moeilijk is om als ouder in de ogen van het kind überhaupt te deugen. Er gebeurt zoveel tegelijk – binnen en buiten ons gezichtsveld –, de veranderingen zijn zo groot, dat het ook nauwelijks bij te benen valt. Kinderen zijn een taal gaan spreken die wij niet meer goed kunnen volgen. 'Deleten' en 'scrollen' willen nog wel lukken, maar wat te denken van een uitdrukking als 'krabbelen' (een bericht achterlaten op Hyves)? Natuurlijk hebben kinderen en jongeren altijd een soort van subcultuur gehad, maar die van tegenwoordig reikt veel verder en is ondoorgrondelijker, en daardoor veel moeilijker te volgen.

> Het feit dat mijn kind verslaafd is geraakt aan die apparaten, is het bewijs dat ik als ouder niet deug.

Uiteraard is het rationeel om je eigen manier van opvoeden van tijd tot tijd onder de loep te nemen: wat doe je, hoe stel je je op, waar leg je grenzen en waarom doe je dat allemaal op die manier? Maar het is volstrekt irrationeel om, als er iets niet goed gaat met de opvoeding van je kind, jezelf daar meteen maar de schuld van te geven. Je kunt als ouder nu eenmaal niet alles voorzien en overzien, of elke sociaalemotionele dan wel technologische ontwikkeling op de voet blijven volgen. Dat kunnen zelfs de deskundigen die daarvoor doorgeleerd hebben niet! Ook hier weer geldt dat je niet meer kunt doen dan je best.

Natuurlijk is het verschrikkelijk om te moeten zien dat het niet goed gaat met je kind. Bij een beetje ouder snijdt zoiets door de ziel. Ratio-

neel is het om na te gaan wat je zou kunnen doen om
het kind te helpen. Irrationeel is het om je helemaal
over te geven aan gevoelens van hopeloosheid, hulpeloosheid en zelfbeklag ('Waar heb ik dit in vredesnaam
allemaal aan verdiend?'). Als je de neiging daartoe bij
jezelf onderkent, zou je er goed aan doen voor jezelf
eens na te gaan wat je eigenlijk verwacht hebt van het
ouderschap. Alleen maar vrolijkheid, genieten en plezier? Zeker, dat
zal als het allemaal een beetje loopt allemaal het geval kunnen zijn.
Maar niet voortdurend, dat is een irrationele verwachting. Opvoeden
– het hebben van één of meerdere kinderen – betekent in verreweg de
meeste gevallen ook op z'n tijd afzien, gebukt gaan onder grote zorgen,
emotionele pijn lijden en soms zelfs wanhopen. Het is niet anders, het
hoort er 'gewoon' bij.

> Ik vind het onverdraaglijk dat een kind van mij zo diep is gezonken..

2.16 • KINDEREN VAN GESCHEIDEN OUDERS

Praten over drugsgebruik en alcoholmisbruik en andere verslavingen
brengt al gemakkelijk het onderwerp 'scheiden' aan de orde. Dat komt
doordat het helaas een feit is dat veel kinderen van gescheiden ouders
het moeilijker hebben dan kinderen van niet-gescheiden ouders. Een
scheiding van de ouders is een van de meest traumatische gebeurtenis-

sen in het leven van een kind. Het kind komt voor allerlei problemen en keuzes te staan waar het nog helemaal niet aan toe is. Vaak ook wil het kind helemaal geen keuze maken, omdat het in gelijke mate loyaal wil zijn aan moeder en vader. Helaas gebeurt het maar al te vaak dat (een van) de ouders het kind in de oorlog tussen hen betrekt.

Het is niet reëel om te verwachten of te hopen dat een scheiding netjes en pijnloos zal verlopen. Dit kan eigenlijk alleen maar als beide partijen het hartgrondig eens zijn met de scheiding en er geen materiële conflicten bestaan. In de meerderheid van de gevallen wordt het besluit om te scheiden door een van beide partners genomen. De ander heeft zich daarbij neer te leggen. Deze erg ongelijke situatie leidt vaak tot de bekende gevolgen: maandenlange procedures waar alleen de advocaten beter van worden en ruzie om een theelepeltje en een plakboek. Als het daarbij zou blijven is er trouwens nog niet zoveel aan de hand. Maar helaas zijn kinderen vaak letterlijk en figuurlijk het kind van de rekening en worden ze op grote schaal misbruikt bij de procedure. Zo bleek uit Amerikaans onderzoek van enkele jaren geleden dat één op de drie aanklachten van seksueel misbruik van het kind door de vader, totaal verzonnen was met het doel de alimentatie op te krikken. Ook bezoekregelingen worden niet zelden ingezet als dwangmiddel.

Kinderen die al deze dingen zien gebeuren weten totaal niet meer wie en wat ze moeten geloven. Ze hebben in de regel maar één wens: dat al het geruzie stopt en moeder en vader weer bij elkaar komen. Die wens kan overigens onuitgesproken zijn, maar nog jarenlang aanwezig blijven. In een aantal gevallen zit er echter niets anders op dan een scheiding, bijvoorbeeld als de liefde echt nog maar van één kant komt of wanneer er sprake is van duurzame ontwrichting of mishandeling.

Vaak heeft een huwelijk door de jaren heen het karakter gekregen van een broer-zusrelatie: men mag elkaar nog wel, respecteert elkaar ook nog, maar de passie is verdwenen. Seks is een verplichte, vreugdeloze en solistische activiteit geworden: de partners vrijen met zichzelf, niet meer met elkaar. Tja, wat moet je in zo'n geval? Scheiden, of in het belang van de kinderen toch maar bij elkaar blijven? In theorie zou je wellicht gemakkelijk voor het laatste kiezen, maar in de praktijk zie je dat partners dat toch niet volhouden: ze worden te ongelukkig.

Een scheiding kan met de volgende aandachtspunten de pijn wat verzachten voor de kinderen:

– Maak de kinderen van het begin af aan duidelijk dat de scheiding niet hun schuld is. Kinderen hebben om de een of andere reden de neiging om bij een scheiding de schuld naar zich toe te trekken: wij zijn niet lief geweest en daarom gaan papa en mama uit elkaar. Maak ze dui-

delijk dat dit er niets mee te maken heeft en dat papa en mama nog net zoveel van de kinderen houden.
- Zadel ze niet te snel op met een eventuele nieuwe partner. Bedenk dat kinderen voor een onoplosbaar loyaliteitsconflict komen te staan wanneer ze geconfronteerd worden met een nieuwe partner. Elk gezellig uitstapje met die nieuwe partner voelt aan als verraad aan de vader of de moeder. Laat ze heel ruim de tijd (desnoods een jaar) om aan de nieuwe situatie te wennen.
- Probeer ervoor te zorgen dat de kinderen vader en moeder heel regelmatig – liefst dagelijks – kunnen zien. Wie het verzonnen heeft – en om welke redenen – is onbekend, maar in Nederland hoor je nog vaak dat de kinderen 'dus' naar de moeder gaan en dat vader ze om de twee weken een weekend mag 'hebben'. Wiens belang hiermee ook gediend is, dat van de kinderen zeer zeker niet. Het geringe contact met een van de partners brengt onvermijdelijk een bepaalde mate van vervreemding met zich mee. Dat is zowel voor de kinderen als voor de desbetreffende partner geen goede zaak.
- Praat met de kinderen niet over problemen met de scheidingsprocedure. Als je met de kinderen over de problemen met de scheidingsprocedure praat, dan dwing je hen als het ware stelling te nemen. Het is voor kinderen ondoenlijk en ook onwenselijk dergelijke keuzes te maken.
- Probeer niet negatief over de ex-partner te praten. Dit is natuurlijk erg moeilijk, zeker als je zelf de 'lijdende' figuur in de scheiding bent. Voor je gevoel word je een groot onrecht aangedaan en dat gevoel van machteloosheid – en woedend verdriet – wil je kwijt. Kies daar echter andere mensen als gesprekspartner voor uit. Die raken niet zo snel in een dilemma als de kinderen.

2.17 • TOT BESLUIT

In dit tweede hoofdstuk hebben we een aantal veel voorkomende problemen bij de opvoeding van kinderen de revue laten passeren. Het overzicht is niet compleet, want kinderen kunnen op nog veel meer manieren in de problemen raken en voor problemen zorgen. Waar mogelijk hebben we praktische aanwijzingen gegeven over hoe om te gaan met de beschreven problemen. Uitgangspunt daarbij was steeds het 'gezonde verstand', dat tevens het uitgangspunt is in de RET. Er kwamen iB's (irrationele gedachten, irrationele uitgangspunten) aan bod die een verstandige omgang met die problemen in de weg kunnen staan en ook hebben we aangegeven welke rationele alternatieven daarvoor mogelijk zijn. Het vervangen van irrationele gedachten door rationele lijkt vaak gemakkelijker dan het is. De manier waarop we over onszelf en de wereld nadenken is vaak heel diep ingesleten en laat zich niet zomaar veranderen. Want veranderen betekent vaak onzekerheid en onveiligheid en vereist nieuwe aanpassingen. Mensen houden daar niet zo van, ze laten alles het liefst zoals het was. Toch valt er juist van een verandering van denkgewoonten veel winst te verwachten, zowel voor jezelf als voor je omgeving.

Elk mens heeft zo zijn eigen specifieke manier van denken ontwikkeld, zeg maar: zijn stokpaardjes. In bepaalde opzichten kan die manier van denken nuttig en dus rationeel zijn, in andere opzichten heb je er alleen maar last van. Zo laat de een zijn denken en doen vooral bepalen door het idee dat de mensen om hem heen niet deugen, terwijl iemand anders ervan uitgaat dat hij zelf niet deugt.

Om je enig inzicht te geven in je eigen patroon van irrationele denkgewoonten wordt in het derde hoofdstuk de RET-test® gepresenteerd. De bedoeling van die test is om je duidelijk te maken waar voor jou de irrationele valkuilen liggen. Als je die eenmaal kent, zul je je manier van denken namelijk makkelijker kunnen veranderen van irrationeel naar rationeel.

Verder lezen

Verhulst, J., 2002. *Jezelf kunnen, willen, durven veranderen*. Amsterdam: Harcourt Book Publishers. ISBN 90 265 1684 3.

3
De RET-test®

Hieronder staat de zogenoemde RET-test® afgedrukt. Deze test is opgebouwd uit items die zijn afgeleid van de twaalf irrationele ideeën zoals Ellis die geformuleerd heeft (zie hoofdstuk 1). Aangezien het niet mogelijk bleek elk irrationeel idee te 'vertalen' naar een aparte categorie items (sommige iB's overlappen elkaar), zijn er in totaal acht verschillende categorieën of subschalen. Dit zijn: rationaliteit, negatief zelfbeeld, faalangst, behoefte aan goedkeuring, frustratietolerantie, behoefte aan respect, negatief beeld van anderen, afhankelijkheid/machteloosheid. Het is heel eenvoudig om de test in te vullen en te scoren. De scores vertellen je in welke mate je manier van denken rationeel, dan wel irrationeel is. De bedoeling is dat je aan de hand van de scores inzicht krijgt in de mogelijke valkuilen bij de opvoeding. Aan het einde van dit hoofdstuk staan daarvan enkele praktische voorbeelden.

3.1 • INSTRUCTIE

Op de volgende pagina's staan in totaal 67 uitspraken genoteerd. Al deze uitspraken hebben betrekking op de manier waarop je tegen bepaalde gebeurtenissen en personen kunt aankijken. Het is de bedoeling dat je elke uitspraak zorgvuldig leest en voor jezelf nagaat of, en zo ja, in welke mate je het eens bent met een bepaalde uitspraak. Onder elke uitspraak staan de cijfers 1, 2, 3, 4 en 5 genoteerd. Als je het helemaal oneens bent met een bepaalde uitspraak, omcirkel dan het cijfer 1. Als je het tamelijk oneens bent met een bepaalde uitspraak, omcirkel dan het cijfer 2. Als je geen mening hebt over de uitspraak, omcirkel dan het cijfer 3. Als je het tamelijk eens bent met de bepaalde uitspraak, omcirkel dan het cijfer 4. Als je het helemaal eens bent met de uitspraak, omcirkel dan het cijfer 5.

Voorbeeld

MENSEN MOGEN HUN BELOFTE NOOIT BREKEN

Helemaal oneens: omcirkel 1;
Tamelijk oneens: omcirkel 2;
Geen mening: omcirkel 3;
Tamelijk eens: omcirkel 4;
Helemaal eens: omcirkel 5.

3.2 • UITSPRAKENLIJST

Als mensen onaardig tegen me doen, dan is dat voor mij het zoveelste bewijs dat ze eigenlijk niet deugen.

1   2   3   4   5

Als mensen aardig tegen me zijn, dan hebben ze iets van me nodig.

1   2   3   4   5

Problemen worden vrijwel altijd door factoren van buitenaf veroorzaakt.

1   2   3   4   5

Ik ga er altijd maar van uit dat ik belazerd word.

1   2   3   4   5

Ik ben voordat ik een belangrijke taak moet volbrengen altijd heel zenuwachtig.

1   2   3   4   5

Ik ben vaak misselijk als ik belangrijke taken moet uitvoeren.

1   2   3   4   5

Ik kan er niet tegen als mensen niet doen wat ik wil.

1   2   3   4   5

Ik word depressief als mij iets niet lukt.

1   2   3   4   5

Mensen moeten altijd rekening met mij houden.

1   2   3   4   5

Alleen al de gedachte om in belangrijke zaken tekort te schieten, bezorgt mij hartkloppingen.

1   2   3   4   5

Ik vind het wel belangrijk dat mensen me eerlijk behandelen, maar ik realiseer me tegelijkertijd dat ze dat niet hoeven te doen omdat ik dat nou zo graag wil.

1   2   3   4   5

Wanneer ik me gespannen voel, dan is dat voor mij een bewijs dat ik niet tegen mijn taak ben opgewassen.

1   2   3   4   5

Ik ga ervan uit dat mensen in principe grote egoïsten zijn.

1   2   3   4   5

Als ik belangrijke taken niet tot een goed einde breng, dan komt dat omdat ik een mislukkeling ben.

1   2   3   4   5

Ik zal alles doen om te bereiken dat mensen me mogen.

1   2   3   4   5

Het leven moet leuk zijn, anders is het niet de moeite waard.

1   2   3   4   5

Ik kan er niet tegen als mensen mij niet in mijn waarde laten.

1   2   3   4   5

Het is van het grootste belang dat mensen mijn werk waarderen.

1   2   3   4   5

Ik kan absoluut niet tegen ruzie.

1   2   3   4   5

Ik voel mij vaak volslagen machteloos.

1   2   3   4   5

Ik vind het heel erg als blijkt dat iemand die ik belangrijk vind, mij niet mag.

1   2   3   4   5

Het is in alle gevallen het beste om moeilijkheden zoveel mogelijk uit de weg te gaan.

1   2   3   4   5

Elk mens is in wezen het slachtoffer van zijn verleden.

1   2   3   4   5

Ik heb recht op een plezierig leven, zonder allerlei moeilijke toestanden.

1   2   3   4   5

Wie voor een dubbeltje geboren is, wordt nooit een kwartje.

1   2   3   4   5

Ik ben niet in staat om iets aan mijn problemen te doen.

1   2   3   4   5

Ik houd er niet van om ergens verantwoordelijk voor te zijn.

1   2   3   4   5

Ik moet mij te allen tijde kunnen ontspannen.

1   2   3   4   5

Ik heb het liefst dat iedereen mij aardig vindt, want ik kan er niet tegen als iemand me niet zou mogen.

1   2   3   4   5

Als het erop aankomt, is niemand te vertrouwen.

1   2   3   4   5

Ik vind het heel erg belangrijk dat iedereen weet wat ik kan.

1   2   3   4   5

Ik kan er absoluut niet tegen als iemand mijn gevoelens niet beantwoordt.

1   2   3   4   5

Mijn medewerkers en collega's moeten mij als mens waarderen.

1   2   3   4   5

Mensen moeten naar mij luisteren als ik aan het woord ben.

1   2   3   4   5

Als ik ruzie heb met mensen, dan ligt dat in principe altijd aan mij.

1   2   3   4   5

Ik vind het onprettig om ruzie met iemand te hebben, maar ik weet dat dat soms onvermijdelijk is.

1   2   3   4   5

Ik heb een zeer sterke behoefte aan de goedkeuring van anderen.

1   2   3   4   5

Ik vind het heel erg als mensen mij niet met respect behandelen.

1   2   3   4   5

Ik droom vaak dat dingen helemaal mislukken.

1   2   3   4   5

Vaak denk ik dat mijn leven alleen maar bestaat uit narigheden en frustraties.

1   2   3   4   5

Publiekelijk afgaan is voor mij het ergste wat mij kan overkomen.

1   2   3   4   5

Als mensen die ik graag mag niets van mij willen weten, dan komt dat doordat ik een oninteressant mens ben.

1   2   3   4   5

Ik vind het niet prettig als mensen me niet met respect behandelen, maar ik kan daar wel tegen.

1   2   3   4   5

Ik vind het wel een teleurstelling als mensen die ik graag mag, mij niet mogen, maar ik realiseer me dat zoiets op zich kan gebeuren.

1   2   3   4   5

Ik wil graag zo goed mogelijk presteren. Maar meer doen dan mijn best kan nu eenmaal niet.

1   2   3   4   5

Ik heb de neiging om mezelf af te kraken als er iets tegenzit.

1   2   3   4   5

Ik baal van tegenslagen, maar laat me er niet door uit het veld slaan: volgende keer beter!

1   2   3   4   5

Iedereen moet altijd beleefd tegen mij zijn.

1   2   3   4   5

Als mensen een hekel aan mij hebben, dan is dat voor mij een bewijs dat ik een onprettig mens ben.

1   2   3   4   5

Ik kan mezelf niet waarderen als ik fouten maak.

1   2   3   4   5

Ik vind het onverdraaglijk om gespannen en zenuwachtig te zijn.

1   2   3   4   5

Ik vind het heel erg als ik niet door mijn collega's gerespecteerd word.

1   2   3   4   5

Mensen veranderen in wezen niet: 'Eens een dief, altijd een dief.'

1   2   3   4   5

Ik kan er niet tegen als iemand mij beledigt.

1   2   3   4   5

Ik vind het vreselijk als mensen die belangrijk voor mij zijn, mij niet behoorlijk behandelen.

1   2   3   4   5

Ik vind het verschrikkelijk om me rot te voelen.

1   2   3   4   5

Mijn grootste angst is dat ik belangrijke zaken de mist in laat gaan.

1   2   3   4   5

Ik ben nu eenmaal zoals ik ben. Ik kan mezelf niet veranderen.

1   2   3   4   5

Ik vind mezelf eigenlijk maar een waardeloos figuur.

1   2   3   4   5

Ik blijf mezelf waarderen, ook al laat ik belangrijke taken wel eens de mist in gaan.

1   2   3   4   5

Ik kan er absoluut niet tegen als zaken niet gaan zoals ik wil.

1   2   3   4   5

Wanneer ik gespannen ben, dan besef ik dat dit maar een tijdelijk ongemak is.

1   2   3   4   5

Zonder de hulp van anderen kan ik niets.

1   2   3   4   5

Ik wil graag gewaardeerd en gerespecteerd worden door mensen die ik belangrijk vind, maar ik realiseer me dat ik niet een allemansvriend kan zijn.

1   2   3   4   5

Ik vind het vreselijk om in het openbaar te moeten spreken.

1   2   3   4   5

Ik heb eigenlijk altijd een hekel aan mezelf gehad.

1   2   3   4   5

Ik kan er heel slecht tegen als ik fouten maak.

1   2   3   4   5

3.3 • SCORING

De score van de RET-test® verloopt heel eenvoudig. Hieronder staan de verschillende uitspraken per subschaal gegroepeerd. De score per iB wordt verkregen door de omcirkelde cijfers per subschaal bij elkaar op te tellen.

1 • TOT DE SUBSCHAAL 'RATIONALITEIT' BEHOREN:

vraag 11 ...
vraag 36 ...
vraag 43 ...
vraag 44 ...
vraag 45 ...
vraag 47 ...
vraag 60 ...
vraag 62 ...
vraag 64 ...
totaal = ...

2 • TOT DE SUBSCHAAL 'NEGATIEF ZELFBEELD' BEHOREN:

vraag 12 ...
vraag 14 ...
vraag 35 ...
vraag 42 ...
vraag 46 ...
vraag 49 ...
vraag 50 ...
vraag 59 ...
vraag 66 ...
totaal = ...

3 • TOT DE SUBSCHAAL 'FAALANGST' BEHOREN:

vraag 5 ...
vraag 6 ...
vraag 8 ...
vraag 10 ...
vraag 39 ...

vraag 41 ...
vraag 57 ...
vraag 65 ...
vraag 67 ...
totaal = ...

4 • TOT DE SUBSCHAAL 'BEHOEFTE AAN GOEDKEURING' BEHOREN:

vraag 15 ...

vraag 18 ...

vraag 21 ...

vraag 29 ...

vraag 32 ...

vraag 33 ...

vraag 37 ...

totaal = ...

5 • TOT DE SUBSCHAAL 'FRUSTRATIETOLERANTIE' BEHOREN:

vraag 7 ...

vraag 16 ...

vraag 19 ...

vraag 24 ...

vraag 28 ...

vraag 40 ...

vraag 51 ...

vraag 56 ...

vraag 61 ...

totaal = ...

6 • TOT DE SUBSCHAAL 'BEHOEFTE AAN RESPECT' BEHOREN:

vraag 9 ...

vraag 17 ...

vraag 31 ...

vraag 34 ...

vraag 38 ...

vraag 48 ...

vraag 52 ...

vraag 54 ...

vraag 55 ...

totaal = ...

7 • TOT DE SUBSCHAAL 'NEGATIEF BEELD VAN ANDEREN' BEHOREN:

vraag 1 ...

vraag 2 ...

vraag 4 ...

vraag 13 ...

vraag 30 ...

vraag 53 ...

totaal = ...

8 • TOT DE SUBSCHAAL 'AFHANKELIJKHEID/MACHTELOOSHEID' BEHOREN:

vraag 3 ...
vraag 20 ...
vraag 22 ...
vraag 23 ...
vraag 25 ...
vraag 26 ...
vraag 27 ...
vraag 58 ...
vraag 63 ...
totaal = ...

3.4 • INTERPRETATIE EN GEBRUIK SCORES

Honderden lezers en lezeressen van het boek RET Jezelf hebben een bijgesloten antwoordkaartje geretourneerd waarop hun scores op de test staan weergegeven. Aan de hand van deze gegevens zijn gemiddelden bepaald, afzonderlijk voor mannen en vrouwen.

schaal	gem. score man	gem. score vrouw
1 rationaliteit	37,6	35,7
2 negatief zelfbeeld	15	18,7
3 faalangst	20,9	24,9
4 behoefte aan goedkeuring	16	18,3
5 frustratietolerantie	21,2	26,1
6 behoefte aan respect	26	29,3
7 negatief beeld van anderen	11,5	10,7
8 afhankelijkheid/machteloosheid	19,3	17,2

Aan de hand van de hierboven vermelde gemiddelden kun je een globale vergelijking maken door je eigen scores af te zetten tegen de gemiddelde scores. Nota bene: een hoge (bovengemiddelde) score op de subschaal 'frustratietolerantie' betekent dat men over een lage frustratietolerantie beschikt!

3.5 • HOE NU VERDER?

Als je je scores hebt vergeleken met de gemiddelde scores zoals die staan weergegeven in de tabel, dan weet je nu op welke facetten en in welke mate je manier van denken rationeel/irrationeel is. Dat is natuurlijk mooi, maar daar heb je op zich niet zoveel aan. Waar het om gaat, is dat je je manier van denken bijstuurt voor zover nodig. Want irrationele manieren van denken hebben absoluut ook invloed op de manier waarop je tegen de opvoeding van je kinderen aankijkt. Als je bijvoorbeeld hoog scoort op behoefte aan goedkeuring (subschaal 4), dan zou dat tot gevolg kunnen hebben dat je nooit een conflict met je kind durft aan te gaan. Als je hoog scoort op faalangst (subschaal 3), dan zou dat in de hand kunnen werken dat je in feite alle belangrijke beslissingen uit de weg gaat. Een hoge score op subschaal 8 (afhankelijkheid/machteloosheid) kan ook tot gevolg hebben dat je elk opvoedingsprobleem als een onoverkomelijke ramp ziet. Bekijk de scores dus nog eens goed en zie waar je zwakke plekken en valkuilen zitten. Probeer daar vervolgens mee aan de slag te gaan op bijvoorbeeld de volgende manier.

Stel, je scoort fors bovengemiddeld op faalangst (bijvoorbeeld 30 of meer). Zoek nu vragen op die bij faalangst horen (5, 6, 8, enz.). Lees deze vragen nog eens heel goed door en ga voor jezelf na waar je nu eigenlijk bang voor bent. Dit is soms makkelijker gezegd dan gedaan, omdat er achter een eerste oorzaak vaak nog een andere, dieper liggende oorzaak schuilgaat.

Een voorbeeld ter verduidelijking. Veel mensen zullen op de vraag waarom ze last hebben van faalangst, antwoorden: ik heb last van faalangst omdat ik het verschrikkelijk vind om een slechte vader (of moeder) te zijn. Voor mij is dat de ultieme afgang. Hoe geloofwaardig en eerlijk zo'n antwoord ook lijkt op het eerste gezicht, in de praktijk heb je er weinig of niets aan. Want nog steeds blijft onduidelijk waarom het nu juist zo verschrikkelijk is om af te gaan. Geen enkele ouder vindt het leuk om fouten in de opvoeding van hun kinderen te maken, maar de een kan daar veel beter mee omgaan dan de ander. Dat heeft in de regel alles te maken met hun manier van denken. Ouders die zich realiseren dat ze niet meer kunnen doen dan hun best, en die van zichzelf weten dat ze hun best gedaan hebben, kunnen veel beter accepteren dat sommige dingen hun soms niet lukken en anders uitpakken dan ze hadden bedoeld. Dergelijke ouders zullen op een ontspannen manier met de opvoeding omgaan. Aan de andere kant zijn er ouders die in alles perfectie nastreven: perfecte kinderen die er perfect uitzien en die het perfect doen op school. Dergelijke ouders eisen voortdurend optimale prestaties van zichzelf en hun kinderen. Dat zal ze in de meeste gevallen erg gespannen maken en dat heeft uiteraard een zeer negatief effect op hun kinderen. Waarmee de negatieve spiraal in gang is gezet. Alleen een ombuiging in het denkpatroon – van: ik moet een perfecte opvoeder zijn, naar: ik doe als ouder mijn best, maar fouten zijn altijd mogelijk – kan hier lucht en opluchting brengen.

Een laatste voorbeeld. Stel dat je erg hoog scoort op negatief zelfbeeld. Je vindt jezelf als ouder maar een mislukkeling, een onaantrekkelijke loser, en eigenlijk ben je maar wát blij dat niemand weet hoe onzeker, dom en ondeskundig je eigenlijk bent. Je kunt eigenlijk maar één ding heel erg goed: jezelf de grond in boren. Zo'n houding is natuurlijk niet erg bevorderlijk voor de opvoeding, want de kans is groot dat je deze negatieve manier van denken over jezelf overbrengt op je kinderen. Als je zo negatief over jezelf denkt, doe je er goed aan na te gaan welke zaken voor jou in dit leven eigenlijk van belang zijn. Het behalen van successen? Het verkrijgen van de goedkeuring en het respect van anderen? In al die gevallen leg je in feite je lot weer in de handen van anderen. Je laat je gevoel van welbevinden en eigenwaarde bepalen door wat anderen van je denken. Zoals we dit bij de bespreking van irrationeel idee nummer 1 al zagen, is dit volgens de RET een onzinnige gang van zaken. Want jij bent degene die het best kan bepalen wat je motivatie, instelling en inzet is bij de dingen die je doet of gedaan hebt. Als je voor jezelf weet dat je naar beste eer en geweten hebt gehandeld, dan valt je niets te verwijten. Zelfs als je de verkeerde beslissing hebt genomen, of wanneer zaken niet goed zijn verlopen.

Een negatief zelfbeeld wordt vaak gevoed door gevoelens van schuld en schaamte. Schaamte is, zoals we in het eerste hoofdstuk hebben gezien, een ongezonde, niet-productieve emotie: in feite verlamt schaamte alleen maar. Ook schuldgevoelens kunnen zwaar wegen, maar dat is in veel gevallen niet terecht: schuld hoort bij het besef anderen opzettelijk benadeeld te hebben. En dat is eigenlijk bijna nooit het geval. Ga maar voor jezelf na: als bepaalde opvoedingsmethoden niet goed uitpakten, deed je dat dan met de intentie je kinderen daarmee opzettelijk te benadelen of schade toe te brengen? Nee dus. Daarom hoef je je in verreweg de meeste gevallen ook niet schuldig te voelen over een mislukking of een minder gelukkige beslissing. Je kunt er stevig van balen, natuurlijk, maar de echte problemen ontstaan pas wanneer je je motivatie verliest om je best te doen. Zolang je dat blijft doen, hoef je jezelf niet af te kraken. Je zult zien dat opvoeden een stuk aangenamer wordt als je je ook wat toleranter en begripvoller opstelt tegenover jezelf.

Veel succes!

Over de auteur

Dr. Jan Verhulst werkt al ruim twintig jaar als geregistreerd klinisch psycholoog en publiceerde diverse publieksboeken waarin de Rationeel-Emotieve Therapie centraal staat.
Hij heeft een eigen praktijk in Eindhoven, waar hij jongeren en volwassenen begeleidt volgens de methode van de RET.

Register

A
aanleiding 16
activating event 16
ADHD 53, 56, 84
afkickproces 99
agressie 82
alcohol 97
alcohol- en drugsgebruik 96
anorexia nervosa 92
aversietherapieën 98

B
basisideeën
–, irrationele 18, 31
bedplassen 71
behoeften
–, primaire 92
belief 16
bezorgdheid 31
boulimia nervosa 92
Bowlby, John 63
bril 16

C
catharsis 86
cocaïne 97
consequence 16, 35
consequent bestraffen 84
consequentie 16, 35
conventioneel 40

D
discussie 35
dwang 35, 48
dwangmatigheid 20

E
eetstoornissen 91
effect
–, cognitief 36
–, gedragsmatig 36
–, gevoelsmatig 36
Ellis, Albert 14
emoties
–, gezonde negatieve 31

–, ongezonde negatieve 31
empathische gevoelens 51
ergernis 32

F

faalangst 79
fase
–, anale 84, 67
–, fallische 84, 67
–, genitale 84, 67
–, orale 84, 67
fixatie 68, 93
Freud, Sigmund 13, 50, 67
frustratietolerantie, 113
–, lage (LFT) 19, 24

G

gehecht
–, veilig 63
–, onveilig, type A 63
–, onveilig, type C 63
gescheiden ouders 109
geweten
–, aangeboren 40
–, zwak 42
gewetensfunctie 36

H

homoseksuele jongeren 89
honger 45
huilbaby's 42

I

ideeën
–, irrationele 34
introverte kinderen 84
inzicht
–, emotioneel 33
–, rationeel 33

K

kinderachtig gedrag 66
kleuters 62
Kohlberg, Lawrence 40
Kohnstamm, Rita 40

L

lastige peuters, 50
latentietijd 67
leerbaarheid van gedragingen, 38
lijnen 92
Living School 12

M

macht 53
–, belonings- 54
–, dwang 54
–, voorbeelds- 54
machtsstrijd 51
masturberen 88
–, frequentie van 89
motivatie 33
musturbatory thoughts 20

O

oedipaal conflict 62
onrust 45
onthouding 53
ontlasting ophouden 72
ontwikkeling
–, morele 40, 51
–, persoonlijkheids- 51
–, sociale 51
overbezorgdheid 82

P

persoonlijkheid 48
plaswekker 73
postconventioneel 40
preconventioneel 40
prikkelbare baby 45
primair symptoom 73
puberteit 84, 67, 41

R

rational-emotive behaviour therapy (REBT) 14
rationele alternatieven 34
regressie 67, 84
RET
–, ABC van de 14
–, basisprincipes 13
RET-test® 113
Rogers, Carl 13

S

schaamte 32, 64
scheidingsangst 63
schoolfobie 63
schoolzieke kinderen 63
schoolziekte 65
schuld 32
secundair symptoom 73
seksualiteit 87
seksueel misbruik 93
seksuele gemeenschap 63
seksuele normen 87
seksuele ontwikkeling 62
self-fulfilling prophecy 54, 80
Skinner, Burrhus F. 13
soort straf 52
spijt 32
straf 39, 51
strelen 88
subassertiviteit 21

T

tongzoenen 88

V

verdriet 32
verliefd op de juf (of meester) 75
vreetbuien 92

W

woede 32

X

xtc- pillen 97

Z

zelfbeeld 122
zelfbewustzijn 50
zelfvernietiging 83
zindelijkheidstraining 56, 72
zuivering 79

GPSR Compliance

The European Union's (EU) General Product Safety Regulation (GPSR) is a set of rules that requires consumer products to be safe and our obligations to ensure this.

If you have any concerns about our products, you can contact us on

ProductSafety@springernature.com

In case Publisher is established outside the EU, the EU authorized representative is:

Springer Nature Customer Service Center GmbH
Europaplatz 3
69115 Heidelberg, Germany

www.ingramcontent.com/pod-product-compliance
Ingram Content Group UK Ltd.
Pitfield, Milton Keynes, MK11 3LW, UK
UKHW051116200426
11947UKWH00038B/1651